多彩山河
赏 中国古城

韩苗苗 / 著

安徽美术出版社
全国百佳图书出版单位

图书在版编目（CIP）数据

多彩山河：赏中国古城 / 韩苗苗著 . — 合肥：安徽美术出版社 , 2022.12
ISBN 978-7-5398-9458-4

Ⅰ . ①多… Ⅱ . ①韩… Ⅲ . ①古城—中国 Ⅳ .
① K928.5

中国版本图书馆 CIP 数据核字（2022）第 186894 号

多彩山河：赏中国古城
DUOCAI SHANHE：SHANG ZHONGGUO GUCHENG
韩苗苗　著

出 版 人：王训海	责任编辑：史春霖
责任印制：欧阳卫东	责任校对：司开江

出版发行：安徽美术出版社
地　　址：合肥市翡翠路 1118 号出版传媒广场 14 层
邮　　编：230071
营 销 部：0551-63533604　　0551-63533607
印　　制：北京亚吉飞数码科技有限公司
开　　本：710 mm×1000 mm　1/16
印　　张：14.5
版 (印) 次：2022 年 12 月第 1 版　2022 年 12 月第 1 次印刷
书　　号：ISBN 978-7-5398-9458-4
定　　价：86.00 元

如发现印装质量问题影响阅读，请与我社营销部联系调换。

前言

中国古城浓缩了几千年的中华文化,充满历史厚重感。这些古城历经沧桑,见证岁月变迁,在漫长的历史长河中守望、沉淀,是宝贵的历史文化遗产。

本书带你探寻五大类、50个古城的深厚文化底蕴与人文旧事,于不同历史时期的地理环境、风俗民情中寻找古城历史印记。

名都古城,气势磅礴,阅尽繁华,如饮誉天下的北京城、身披大唐荣光的西安古城、承载华夏文明的洛阳古城、秦淮岸边的南京古城等。它们在朝代更迭中巍然屹立。

军事古城,于战火中屹立,如丝绸之路上的敦煌古城、终三国之世的荆州古城、充满侠义豪情的襄阳古城等。这些古城身处要塞,见证了历史的风云变幻。

文旅古城,凝聚浓郁人文情怀,代表性古城主要有烟火繁华的杭州古城、书写晋商传奇的平遥古城、华夏文明起源地之一的商丘古城等。

山水古城，位于山明水秀之地，在营造上充分体现了人与自然的和谐，以依山傍水的兰溪古城、四季如画的大理古城、风光旖旎的绍兴古城、雄伟壮丽的拉萨古城等为代表。

古城遗址，是人类文明散落在历史长河中的人文印记，吸引着无数人去发现和探索，如神秘的楼兰古城遗址、精绝国故址尼雅遗址、火焰山下的高昌古城遗址、南诏国的发源地巍山古城遗址等。

本书阐述了古城历史与文化，带你穿越时空，一起去感受中国古城的历史气息与文化魅力。

2022 年 7 月

目 录

第一章
走进古城，探寻华夏风采

探寻古城的起源	003
遗落在时光里的风景与人文	007
不同古城，各有风骨	011
传承文化，续写古城今天的故事	016

第二章
名都古城：见证岁月变迁

北京：辉煌历史，饮誉天下　　　　　　021

西安：历史厚重，身披大唐荣光　　　　028

洛阳：悠长历史，展现华夏文明　　　　035

南京：秦淮河畔的六朝古都　　　　　　039

开封：黄河岸边的璀璨明珠　　　　　　044

大同：三代京华，两朝重镇　　　　　　046

郑州：黄帝故里，商之起源　　　　　　051

邯郸：天下名都，富冠海内　　　　　　053

邢台：燕赵大地第一城　　　　　　　　056

成都：天府之国，美食之都　　　　　　058

第三章
军事古城：雄浑边关风情

沿河：京西军事指挥中枢　　　　　　　065

敦煌：丝绸路上的"咽喉锁钥"　　　　069

青州：东方之州，守山河之固　　　　　076

荆州：九州之一，终三国之世　　　　　079

襄阳：易守难攻，侠义豪情	082
黔阳：苗地边陲，滇黔门户	085
阆中：巴蜀要冲，文化之乡	088
韩城：秦塞雄都，风水宝地	090
彭阳：宋夏交界的军事据点	093
宜宾：万里长江第一城	094

第四章
文旅古城：凝聚浓郁人文情怀

杭州：人间天堂，烟火繁华	099
平遥：晋商云集的名城	104
安阳：甲骨文的诞生地	108
南阳：因地制宜的梅花城	113
商丘：名都大邑，燧人氏的故乡	116
广府：孕育太极的北国小江南	120
台儿庄：经历战火的运河水乡	125
歙县：包容整合的徽文化	128
乾州：湘西文化的窗口	131
潮州：潮汕文化的明珠	133

第五章
山水古城：饱览大美自然风光

汀州：中国最美山城	139
丽江：绿色明珠，山水名城	143
凤凰：锦绣湘西，玲珑飘逸	150
大理：苍山洱海，四季如画	155
绍兴：品酒泛舟，风光旖旎	160
兰溪：依山傍水，登临览胜	165
镇远：碧水渔火，诗意盎然	168
甘孜：田园牧歌中的格萨尔王城	172
喀什：民族风情浓郁的王朝遗都	177
拉萨：雄伟壮丽的日光之城	179

第六章
古城拾遗：寻找失落的文明

楼兰：神秘消失的沙漠庞贝	185
尼雅：湮没在岁月中的精绝古国	189
米兰：屯垦戍边的戍堡遗迹	191
惠远：遗落疆域的戍边古城	193
高昌：火焰山下的历史残存	195
建水：历经沧桑的历史博物馆	199
永泰：遗落戈壁的军事要塞	203
巍山：气定神闲的棋盘孤城	205
麻池：吕布故里，昭君出塞地	211
交河：世界上最完美的废墟	213

参考文献　　　　　　　　　　　217

第一章
走进古城,探寻华夏风采

　　中国幅员辽阔,有着几千年的历史文化积淀,形成了中国古城形形色色的自然、人文景观。时光匆匆,多少故事随风而逝,但古城中那种或浓或淡的人间烟火气却延续至今,温暖着今人的心灵。

　　让我们一起探寻古城的起源,寻找那些遗落在旧时光里的人文印记,在传承古城文化的基础上重塑古城新貌,续写古城繁华神话。

探寻古城的起源

中国古城数量之多,面积之广阔,在世界范围内首屈一指。据我国知名地理学家陈正祥先生统计,我国历史超过 2000 年的古城,数量接近千座[1]。所谓"千城千面",各具其美。岁月悠悠,四季更替,座座古城见证了历史的巨变,阅尽繁华与沧桑,却更增魅力与风韵。

最初的"城"与"市"

在古时,"城"与"市"有着不同的含义。《墨子·七患》中说:"城者,所以自守也。"结合上下文,意思是说,城是守护国家的工具。

---

[1] 张文.中国城市的起源[J].地图,2004(2):5.

古汉语中,"城"指的是用于防卫、自保而围起来的外城墙,有着一定的军事防御意义。

而"市"指的则是商品流通、商贸往来的特定场所。对此,《周易·系辞下》中的记载可以佐证:"日中为市,致天下之民,聚天下之货,交易而退,各得其所。"

随着历史的车轮滚滚向前,"城"与"市"的功能逐渐交叠统一,也就形成了今天通用的"城市"概念。

曲折漫长的建城史

能被称为古城的城市,一般至少拥有百年历史,且城市内古建筑群基本保存良好。我国城市的建设源远流长。近些年来,我国考古学家陆续发现史前城址。由这些考古发现可知,中国城市的起源可追溯至仰韶文化晚期或龙山文化早期[1]。

至夏朝时,真正意义上的城市开始形成。古本《竹书纪年》等历史文献告诉世人,夏朝的主要城邑有:平阳,即今天的山西临汾市;阳城,即今天的河南登封市;阳翟,即今天的河南禹州市;等等。到了商周时期,较大规模的城邑营建活动开始兴起,商城(今天的河南商城县)、洛邑(今天的河南洛阳市)等城邑都建于此时。

---

[1] 毛曦.论中国城市早期发展的阶段与特点[J].天津师范大学学报(社会科学版),2006(3):30.

经历了夏商周的初期发展后,东周至秦汉时期,中国城市发展进入空前的繁荣期。春秋战国时期所建设的都城规模越来越大,赵国的邯郸(今天的河北邯郸市)、齐国的临淄(今天的山东淄博市)、魏国的大梁(今天的河南开封市)等都显赫一时。

到了秦朝,秦始皇统一中原,分天下为36郡,后陆续增至40余郡,中国的城市建设在此期间得到了进一步的发展。两汉至隋唐时

河南登封市航拍

期，长安、洛阳等历史名都相继涌现。宋朝至明清期间，城市数量越来越多，城市规模越来越大，今天的很多城市都在这期间形成，也有很多原来就有的古城在这一历史时期得到加固与扩建。比如明朝时长安被更名为"西安"，这一时期也留下了不少古建筑遗迹，如明城墙和魁星楼等。

西安明城墙和魁星楼

遗落在时光里的风景与人文

古城不仅美在风景，更美在厚重的文化底蕴。我们不妨开始一段旅程，去探寻遗落在光阴里的古城往事，去欣赏一处处秀美的风光，去触摸一个个鲜明的人文印记，去感悟古城的风雅和极致的韵味……

因地制宜的风景营造

中国古人将自然地貌、人居环境和历史人文等视为密不可分的整体，而每座古城的城市规划和风景营造无不体现了古人高雅的审美品位、超绝的智慧和伟大的创造力。其不仅为世界城市风景营造史添上了浓墨重彩的一笔，还为今天的城市环境建设提供了重要的指导价值。

建筑学家吴良镛先生曾指出,"中国智慧"一方面指的是中国古人天人合一的思想智慧,另一方面体现在中国古城的建设智慧上[①]。古人崇尚自然,强调古城风景环境营造要因地制宜。自然山水环境是古城最主要的景观构成要素,城市建设离不开自然环境。

例如扬州古城的城建格局就有着"城随水移"等特点,在历史发展的过程中逐渐形成了江南特有的街巷体系和山水相依的城市风光,城内古色古香的古建筑遗迹众多,典型的有始建于唐代中叶的东关街。大理古城的选址和布局也颇为讲究,古代建造者选择在风景秀丽的洱海、苍山周围建设古城,由此形成"一水绕苍山,苍山抱古城"的城市格局,而古城美景也一直令游人们魂牵梦绕、难以忘怀。

扬州东关街街景俯瞰图

---

① 吴良镛. 中国式空间让城市有了灵魂[J]. 中国名城,2013(1):15.

厚积薄发的人文底蕴

城市的发展与进步如果单纯依赖物质条件，就很容易在前进过程中偏离方向，变得面目雷同、毫无个性。实际上，拥有深厚的历史文化积淀才能为一座城市的发展提供丰沃的土壤。

随着历史的车轮滚滚向前，中国古城逐渐积累了灿烂珍贵的文化遗产（包括物质文化遗产和非物质文化遗产），它们形成了古城独特的个性，是城市精神和品格的象征。整体而言，中国古城的人文特征体现在综合性、多元性、动态性三个方面。

第一，综合性。古城深厚的人文底蕴并非一朝一夕间形成的，它是不同历史发展阶段的文化遗产不断积累的结果，体现出不同朝代的人们的智慧和创造力。

第二，多元性。古城的人文内涵复杂多元，涉及政治、经济、文化、历史等多方面的内容。而古城的文化遗产也丰富多样，历史文物、建筑景观、传统工艺、特色民俗等都属于文化遗产的范畴。

第三，动态性。当今的历史文化名城除了一如既往地承担居住功能外，也越来越多地担负起文化传承等使命。这足以说明古城的人文生态并非一成不变，而是呈现出明显的动态性。古城的文化遗产、历史积淀都会通过文化活动等种种形式世代传承，并不断得到丰富与创新。

中国古城的秀美风光令人陶醉，在时光中积淀的人文精粹亦代代相传、绵延不绝，而这些都为古城的复兴提供了最有利的条件。

扬州五亭桥

在古今很多文人心中,扬州不仅是一座城,也是一首清新的诗、一幅淡雅的画、一个鲜明的文化符号。扬州瘦西湖的五亭桥,是扬州的文化标记之一。这座古桥造型独特,风格突出,既有南方建筑的挺拔秀丽之美,又兼融北方建筑的雄浑大气之美,很是少见。

五亭桥建于清乾隆年间,又名莲花桥,青条石筑成的桥身上建有五亭,下列四翼,正侧一共有 15 个桥洞,五亭间以石梁相连。其建筑形制、风格与北京北海的五龙亭如出一辙。

作为我国古代桥梁建筑中的杰出代表,五亭桥曾得到著名桥梁专家茅以升的盛赞。

扬州五亭桥

不同古城，各有风骨

我国地域辽阔，内陆及沿海不同地区的自然、人文环境差异巨大，而不同的自然、人文环境也孕育出众多特色鲜明的历史古城。

巍巍城墙，悠悠古韵，名都古城、军事古城、文旅古城、山水古城等不同类型的古城，在漫长的光阴中形成了不同的个性与风骨。其魅力穿越古今，在历史的长河中散发着恒久的光芒。

名都古城。北京、西安、洛阳、南京等城市在古代都曾被立为都城，是一朝的政治、经济中心，地位显赫。名都古城有着鲜明的历史文化印记和丰富的古建筑遗存，尤其是宫室（或宫室遗址）、坛庙等。

军事古城。"缙阳峰外山重叠，夜夜鸦啼古戍楼。"襄阳、沿河、青州、韩城等古代军事都城一般都建立在边塞要地，是一方的交通枢纽。历史的风云赋予了这些古城雄浑朴素的气质。而阆中、宜宾等古城建立在山水要塞，城墙高矗，易守难攻。

湖南凤凰古城秀丽风光

文旅古城。杭州、平遥、安阳、南阳、歙县等文旅古城一般有着广阔的文化空间和丰富的文旅资源，底蕴深厚，具有强烈的人文魅力。像歙县古城一直有着"东南邹鲁、礼仪之邦"的美誉，古城内丰富多彩的文化遗产彰显了徽派文化的辉煌。

山水古城。汀州、丽江、凤凰、大理、绍兴、兰溪等古城依山傍水而建，风光秀美，生态环境宜人。而这些古城的美，在于山景、水景的完美结合，在于人与自然和谐共生的城市格局。

综上所述，不同类型的古城在地理风貌、民俗风情等方面有着自己独特的个性。所谓一座城有一座城的历史和情怀，它们独特的美值得我们去发掘、去品味。

探寻古城里的非遗文化

不同古城不同的魅力与个性亦展现在其不同的历史文化特色和文化遗产上。如南京的云锦织造技艺已被列入联合国教科文组织《人类非物质文化遗产代表作名录》，其历史悠久，最早可追溯至东晋年间。南京的云锦色泽绚丽，灿若云霞，十分精美高雅，有着"锦中之冠"的美誉。

歙县古城的徽墨以品种丰富、色泽乌润、香气扑鼻而著称,制作技艺复杂精妙,是国家级非物质文化遗产。

在湖南,凤凰古城的蜡染技艺远近闻名。凤凰古城内的蜡染印花布随处可见,给人以典雅、古朴的感受。凤凰蜡染技艺工序复杂,是当地非物质文化遗产的代表性项目。

南京云锦

传承文化，续写古城今天的故事

　　悠久的历史、丰厚的文化遗产，造就了古城独特的文化魅力。文化彰显城市的灵魂，是一座城市从兴起走向繁荣的最可靠、最持久的推动力。对于古城而言，文化会带来更为深远的影响。传承、弘扬古城的文化，只有以史为鉴、承古塑新，才能续写古城新的篇章。

　　当前，一些古城在现代化建设进程中暴露了不少问题。比如城市建设照搬其他城市的模式，却不考虑古城自身的自然地理环境和人文特色，使得城建规划、设计千篇一律；又或者城市建设激进，盲目拆除古建筑，不注重保护古城原先拥有的各种物质或非物质文化遗产。这样就削减甚至抹去了古城原本的韵味和特色，使得古城的文化传承出现断裂。

想要让饱经沧桑的古城迎来更多发展机遇，在日新月异的现代社会焕发活力，就要大力传承古城文化遗产，走保护、开发与创新三管齐下的路线，努力扩展古城的文化空间、生活空间，逐步实现古城复兴的目标。

第二章

名都古城：见证岁月变迁

　　中国历朝古都往往是当时重要的政治、经济、军事中心,在选址上体现了"天时、地利、人和"的思想。

　　朝代更迭,都城变迁。每一朝古都城都见证了历史兴衰,都城之内也曾街巷纵横、百姓安居、人文荟萃,浓缩了不同历史时期的社会历史与文化,也留给后人别具特色的古都城地理风貌、人文景观,以及宝贵的古城文化。

北京：辉煌历史，饮誉天下

北京，历史上曾是多朝都城，现在是中华人民共和国的首都，常住人口超过两千万。沿着纵横交错的道路来到城中心，庄严的紫禁城静静矗立于此。它与散落在不同城区的古民居、街巷、园林，都是这座古都留下的文化印记。

历史悠久的六朝古都

北京是著名的世界历史文化古城之一，具有三千多年的历史。早在西周初期，周武王灭商后封召公于燕，北京就首次被定为都城，成为燕国都城，时称燕都。

自春秋战国之后，北京还曾是辽、金、元、明、清的都城。北京在不同朝代用名不同,明朝时改称北京。

北京具有良好的建都条件。相传为北宋文学家、史学家范镇所作的《幽州赋》中这样描述当时被称作幽州的北京:"左环沧海,右拥太行,北枕居庸,南襟河济。"北京建都的条件得天独厚,具体来说,它地处中国咽喉之地,位丁华北平原北部,邻近渤海湾;属暖温带半湿润大陆性季风气候,夏冬分明、春秋短促;汇聚了牧业、林业、农业等不同经济类型,同时又是多民族文化的交流地,形成了多元化的文化形态。可以说,北京兼具山脉险峻、河流通达、土地肥沃、文化悠久等优良建都条件。

北京见证了中国六个朝代的历史兴衰,见证了不同时期文化的繁荣,具有深厚的历史文化底蕴。

传承久远的灿烂文化

北京历史悠久,文化积淀深厚,形成了独具中国特色的、能代表东方文化的、值得传承的灿烂文化,包括建筑文化、宗教文化、饮食文化等,并留下了诸多宝贵的文化遗产。

建筑文化

自燕国建都到清朝灭亡,在这漫长的历史岁月中,北京出现了许多恢宏大气的建筑,包括皇家宫殿、庙坛、陵墓等,也有极具北方特色的传统民居。这些数量可观的中国古代建筑是北京这座城市的重要组成部分。下面重点认识一下典型的北京古建筑。

北京故宫是北京城中皇家宫殿的典型代表，始建于明朝永乐年间，后世多次扩建、修缮，是世界上现存规模最大的木结构建筑群。整体建筑雄伟、庄严，堂皇而精致。

北京故宫是明清两朝的皇家建筑群，先后有24位皇帝在这里登基。故宫的前半部分建筑庄严、雄伟，最具代表性的是三大殿——太和殿、中和殿和保和殿。三殿均建在高约8米的汉白玉台阶之上，气势庄严，辉煌壮丽。其中，太和殿又称金銮殿，是皇帝上朝的大殿，殿高28米，建筑主体由92根直径达1米的大柱支撑，其中6根金漆蟠龙柱围绕御座，整个大殿金碧辉煌。故宫的后半部建筑典雅、别致，有院落、书斋、馆榭、御花园，还有各类亭台楼阁，不一而足。

北京故宫太和殿

在北京故宫的南边和北边，天坛与地坛遥遥相对，它们分别是皇帝"祭天""祈谷"的地方。其中，天坛建筑更加充分地体现了古人的天地观。天坛坛域形状北圆南方，寓意为"天圆地方"。中心建筑祈年殿建在三层汉白玉石坛之上，在建筑设计上，三重檐圆殿镶蓝瓦，象征蓝天，殿身装饰和玺彩画。整个祈年殿建筑高大雄伟，有擎天之势，体现了古人朴素的世界观与重农思想，以及高超的建筑艺术水平。

四合院是北京城中颇有格调的传统民居。北京城曾多次经历战火，有很多四合院在战火中被损毁，如今北京遗存的四合院主要分布在二环以内，以南锣鼓巷以及东四、西四、东单、西单大街中各胡同的四合院较为完整。其中有百姓居所，也有不少旧时贵族府邸。这些四合院整齐对称、中轴分明，多为一户一宅，有一进、二进、三进、

北京故宫角楼风光

四进院，院落方正，构成北京城方正的建筑格局，宛若棋盘。

整体来看，古老的北京城在建筑布局和建筑风格上完美地体现了中国古人在城市与建筑上的审美。

北京城的城池和建筑布局采用对称的设计与建筑手法。整个北京城沿中心轴线呈对称分布，而这条中心轴线就是故宫的南北对称轴线。具体来说，以北京故宫为中心，北端自北京鼓楼、钟楼起，南端至永定门，这条中轴线南北纵贯北京城。这种建筑风格和布局不仅是中国传统对称美的体现，更是中国传统等级制度的体现，将皇家权威、中央集权思想融于建筑之中，构成北京城独特的建筑审美。如今，在这条南北中轴线上遗存的北京街巷、民居井然有序地纵横排列，构成古老的北京城的历史文化遗迹，是现代人了解和研究北京城的建筑和历史文化的重要历史遗存。

北京天坛

北京城融合了皇家宫殿、庙坛、钟鼓楼、民居等多种建筑形式，给人庄严、大气之感，亦如北京这座古都城带给人们的历史厚重感。

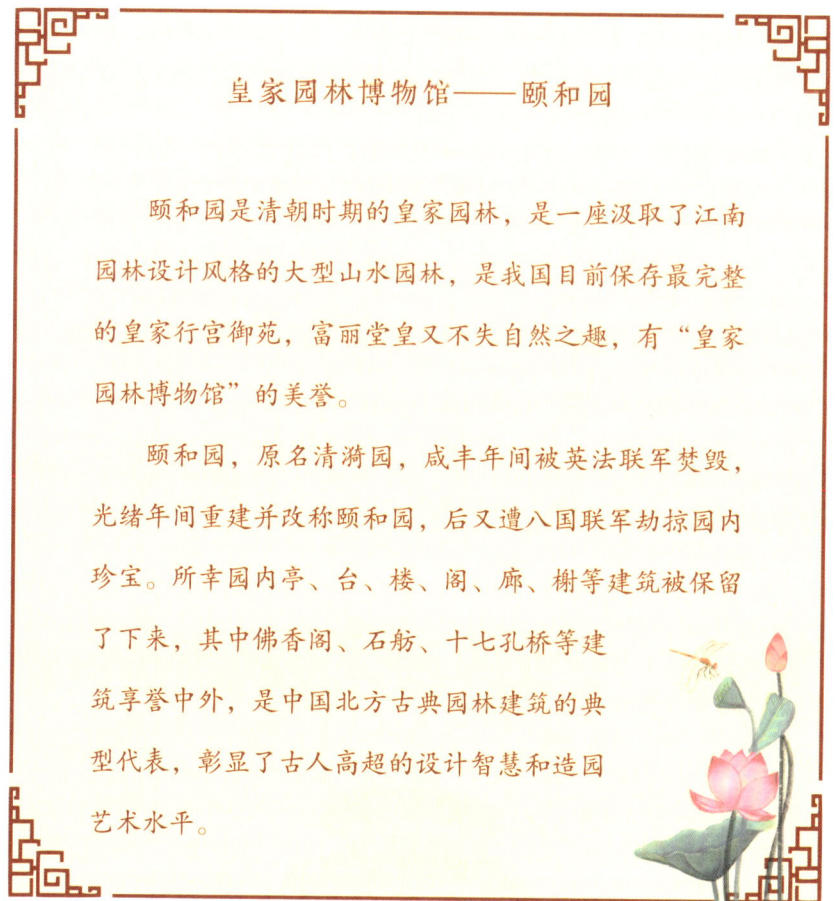

皇家园林博物馆——颐和园

颐和园是清朝时期的皇家园林，是一座汲取了江南园林设计风格的大型山水园林，是我国目前保存最完整的皇家行宫御苑，富丽堂皇又不失自然之趣，有"皇家园林博物馆"的美誉。

颐和园，原名清漪园，咸丰年间被英法联军焚毁，光绪年间重建并改称颐和园，后又遭八国联军劫掠园内珍宝。所幸园内亭、台、楼、阁、廊、榭等建筑被保留了下来，其中佛香阁、石舫、十七孔桥等建筑享誉中外，是中国北方古典园林建筑的典型代表，彰显了古人高超的设计智慧和造园艺术水平。

特色京味文化

胡同文化在京味文化中首屈一指。北京胡同众多，北京胡同的不同名称就是了解北京历史人文的名片，记录了北京的老城旧事及社会生活。如司礼监胡同、织染局胡同、瓷器库胡同、东厂胡同等，是历代朝廷不同机构所在地；南、北太常胡同，李阁老胡同，汪家胡同等，是权贵住所所在地；豆腐陈胡同、砂锅刘胡同等则以民间手工艺者命名，记录了不同时期的城区布局和百姓生活。

京剧被誉为中国的国粹，形成于1840年前后的北京城，是当时乃至现在影响广泛的优秀剧种，是中国戏曲的代表。

京菜是京味文化不可或缺的一部分。它以北方菜为基础，融合了各地风味，继承宫廷御用珍馐的精华，形成了自己的特色。京菜取材、做法、命名讲究，汇聚扒、炸、炒、熘、烧等多种烹饪方法，令人称道。如今，昔日的宫廷菜品已经成为百姓餐桌上的家常美味，完成了古代饮食文化的变迁与传承，经典菜肴有四喜丸子、贵妃鸡、北京烤鸭、乌龙吐珠等。

随着时间的推移，京味文化也不断得到丰富。除了上述典型的京味文化，宫廷典礼、祭祀文化、士大夫文化、茶馆文化等也都是典型的京味文化，是我们了解北京历史人文的重要窗口。

西安：历史厚重，身披大唐荣光

西安，古称镐京、长安，建城历史可以追溯到6000多年前的新石器时代晚期。公元前11世纪初，武王克殷并建都镐京（今西安市长安区），此后，先后有十几个王朝在此建都。

汉长安城在秦咸阳城的基础上建成，西安则由长安城发展而来。西安建城、建都历史悠久，是华夏文化繁盛之地。西安文物古迹众多，共同见证了西安古城昔日的辉煌。

秦兵马俑，彰显千年文明

公元前221年，秦始皇统一六国，建立大一统王朝，定都咸阳，秦朝时期所修建的阿房宫的大部分、兵马俑和秦始皇陵均在今西安市境内。

秦始皇陵兵马俑因尘封地下而得以保存,成为后世了解秦朝文明的宝贵实物。相传秦始皇在14岁时就下令修建自己的陵墓,兵马俑是在修筑陵墓时制作并埋于地下的。秦始皇陵兵马俑数量多、规模大,身形等同真人大小,相貌各异、神态生动,出土时为彩色,雕塑工艺精湛,被誉为"世界第八大奇迹",是秦朝墓葬文化和雕塑工艺的宝贵遗存。

西安秦始皇陵兵马俑

汉唐长安,见证繁荣盛世

公元前202年,刘邦建立西汉王朝,定都关中,都城名"长安",取"长治久安"之意。

随着汉王朝的繁荣,汉长安城的知名度也不断得到提高。汉武帝派张骞出使西域,由此开辟了一条陆上丝绸之路,丝绸之路的起点便

西安秦始皇陵兵马俑群像

是长安。

汉唐时期,长安成为当时世界上闻名遐迩的大都市。汉未央宫、唐大明宫是中国古代规模宏大的皇家宫殿建筑。

唐朝的政治经济繁荣,使长安城盛极一时,成为当时世界上最有影响力的都城,甚至一度成为世界的中心,吸引了许多外国使节和朝拜者。我们从古人描写长安的诗句中可以想见当时长安城的繁华与影响力。"百千家似围棋局,十二街如种菜畦"(白居易《登观音台望城》),"九天阊阖开宫殿,万国衣冠拜冕旒"(王维《和贾舍人早朝大明宫之作》),"长安回望绣成堆,山顶千门次第开"(杜牧《过华清宫绝句三首》其一)……我们从这些诗句中能了解到长安城规整如棋盘的城市街巷布局、百姓生活的富足、皇家宫殿的富丽堂皇,如此长安盛景,让后人不禁感慨大唐的兴盛。

影响深远的古城文化

作为唐朝的政治、经济、文化中心,西安古城留下了许多宝贵的文化,主要有诗词文化、建筑文化、佛教文化、歌舞文化、服饰文化等。

中国古诗文化在唐朝发展至顶峰。这一时期出现的诗人和诗句比前后任何一个朝代都要多,诗仙李白、诗圣杜甫、诗魔白居易都生活在大唐盛世,具有豪迈、大气、沉稳的胸怀和心态,留下了许多令后人称道的诗句。这一时期的著名诗人还有王维、杜牧、王勃、陈子昂、王昌龄、岑参、孟郊等,人才辈出,文化繁荣。

唐长安城宫殿、街巷、民居整齐划一、布局均衡,反映了长安城的壮观、大气与厚重,对后人研究唐朝城市布局、建筑工艺有重要的历史价值。

佛教文化在唐时得到快速发展并逐渐完成中国化的转变,唐朝高僧、佛经翻译家玄奘西行取经后在西安大慈恩寺传讲佛教学说,督建大雁塔,佛教文化、古塔建筑对后世的影响不容忽视。

此外,唐朝人才辈出,兴科举、设武举,宫廷与民间歌舞文化高

西安城墙永宁门角楼风光

度发展，对外交往和民族交往政策开明。唐朝在文化上海纳百川，有着高度的文化自信，奠定了长安的历史地位，也对后世文化产生了深远的影响。

西安大雁塔

洛阳：悠长历史，展现华夏文明

中原渡口的千年帝都

河南洛阳，位于三川（洛河、伊河、黄河）冲积平原上，地处洛河之北，故名洛阳。洛阳位于中原腹地，漕运便捷，易守难攻，适宜建都。

洛阳文明源远流长，经考古发现，早在五六十万年前的旧石器时代，这里已有先民活动。大禹时期，天下分九州，河洛属古豫州，商、周、东汉、西晋、北魏、隋、唐等十余个朝代都曾在此建都。

兼容并包的文化古城

古都洛阳作为华夏文明的发源地,有太多的文化标签被后人熟知,如"神都洛阳""文化圣城""千年帝都""牡丹花城"等。

洛阳古城至今保留着许多古城门,其中最著名的便是丽景门。此城门始建于隋代,曾是百官、百姓祭祀的地方。如今流传着"不到丽景门,枉来洛阳城"的说法,登上丽景门,可俯瞰洛阳古城全貌。

洛阳古城是道教与佛教圣地,中国土生土长的道教和外来的佛教在洛阳共存,体现了这座古城的包容。

洛阳栾川县东南的老君山,相传是老子李耳的归隐地。北魏时

洛阳老城区丽景门

期，山上建有老君庙；唐太宗时期，重修山庙并赐名"老君山"；明神宗时期，诏谕老君山为"天下名山"，并发帑金建殿。因此，这里一直被视为道教圣地。

洛阳龙门石窟始凿于北魏，盛于唐，终于清，营造时间有1400余年。其佛像石刻工程巨大，雕刻精美，造像数量多，成为中外闻名的石窟艺术。

洛阳牡丹也是洛阳古城的重要文化标签，为古城增加了几分柔情。唐代诗人刘禹锡曾写出"唯有牡丹真国色，花开时节动京城"的诗句，"洛阳牡丹甲天下"的美誉流传至今。

洛阳老君山金顶风光

洛阳龙门石窟

南京：秦淮河畔的六朝古都

海上丝绸之路的起点

南京，古称金陵、建康，有两千多年的建城史。公元前333年，楚威王熊商修金陵邑，金陵由此得名；公元229年，东吴大帝孙权在金陵建都，时称建业；东晋改称建康。此后，这里一直引领我国南方地区的政治、经济、文化发展。

东吴、东晋、南朝宋、南朝齐、南朝梁和南朝陈都曾以南京为京师，南京"六朝古都"的说法由此而来。

六朝时期，建康城经济发达、文化繁盛，和古罗马城并称为"世界古典文明两大中心"。这一时期还开辟了海上航线，南京的海上贸易增多，造船业的发展进一步促进了远距离航海贸易的发展。到了明朝时期，以南京为起点的海上丝绸之路已经有了非常成熟的航道。明初富商沈万三精通海上贸易，南京成为中外货物进出的集散地，龙江

南京明城墙

　　船厂遗址、浡泥国王墓、郑和墓等都是南京海上丝绸之路的重要文化遗产。

　　从城郭建设来看，明城墙是南京古城保留较为完好的城墙。与其他著名古代都城不同的是，南京古城的建设并没有遵循古代都城建设的矩形旧制，而是采用了内外四重城垣的建筑结构，建筑形制别具一格。

　　南京古城位于我国南方，这里气候湿润，地形连绵起伏，都城营造并非易事。南京古城能屹立千年仍保存较好的面貌，与其选址智慧、建筑技术有着密不可分的关系。

南京古城依山脉、水系筑城，以外秦淮河为护城河，在城郭建筑上利用地理优势。在城墙建筑过程中，或顺应山势将城垣与山体岩石相连，或深挖打桩、铺巨石以为基。不同地形的地基处理不同，不同地段的城墙也因地制宜地选用岩石、城砖或黏合材料，使城墙非常牢固，充分体现了古人"人与自然相和谐"的建筑智慧与追求。

现存南京明城墙（包括宫城、皇城、京城、外郭城）是目前世界上最长、规模最大的古代城垣，其始建于元朝，完工于明朝，历时28年之久。外郭城墙的长度超过60千米，古城围合面积创历史之最。南京明城墙的建筑设计、建筑规模充分考虑了南京城的军事防御功能，在建筑设计上也开创新形制。规模如此庞大的古城在建筑上并不粗糙，如其城门设计参考中国古代天文学中的星宿布局，是中国古代"天人合一"思想在都城营造中的集中体现，具有重要的历史文化研究价值。

儒雅的文化中枢

从历史朝代变更来看，中原汉民族每遭侵犯，都会选择在南方休养生息，并渴望收复失地，南京则成为汉民族南迁休养生息的一个重要"根据地"。可以说，南京数次庇佑华夏文化之正朔，是汉文化南迁的文化中心，有"天下文枢"之称。

相较于北方文化的粗犷，南京文化多了几分灵气，这与南京的地理位置有着莫大的关系。南京位于长江下游南岸，地势宽厚，山川灵秀，高山、深水、平原钟毓一处，是得天独厚的建都之地，也滋养了典雅、秀丽的南京文化。

南京自古文风盛行。唐朝时期，金陵怀古诗盛行，成为重要的文学体裁，许多诗人、词人在金陵怀古伤今。其中，最著名的诗词当数杜牧的《泊秦淮》以及南唐后主李煜的《虞美人·春花秋月何时了》。曹雪芹著《红楼梦》，其中的主要女性人物称为"金陵十二钗"。

南京还是书画艺术古城。这里曾留下著名书法家王羲之、画家顾恺之等人的身影。明末清初以龚贤为首的"金陵八家"善山水画，形成的金陵画派在当时颇具盛名。

南京历史人文荟萃，是明清的文教中心。秦淮河畔的夫子庙作为南京文教建筑遗存，是南京秦淮河岸边的一道亮丽的建筑和文化风景。

第二章 名都古城：见证岁月变迁 | 043

南京秦淮河畔的夫子庙

开封：黄河岸边的璀璨明珠

开封，古称汴梁、汴京，位于河南省东部、黄河之滨，自古是中原腹地的一座军事、文化重镇。历史上先后有夏、魏、后晋、后汉、北宋、金等多个朝代在此定都。

历史上黄河多次泛滥成灾，黄河岸边的许多城镇都曾被数次淹没。开封古城就经历了数次水灾后的重建，可以说是"地上一座城，地下几层城"（开封城墙下叠有5层古城墙）。目前，在开封古城的大梁门以北的古马道遗址，仍能见到开封古城"城摞城"的奇特景观。

北宋时期，开封繁华无比，北宋画家张择端的代表作《清明上河图》就描绘了当时开封城的繁华街市景象，充分展现了当时开封城的城市建筑风貌。可以说，《清明上河图》尽管只展现了开封古城的部分风貌，但仍是我们了解开封古城和宋朝社会风俗的重要文化窗口。

在如今的开封古城,有一座复刻了《清明上河图》中市井生活和娱乐场景的仿古文化主题公园——清明上河园,让游人能有步入画卷、梦回宋朝之感。

开封古马道下的古城遗迹

戏曲之乡

豫剧是我国第一大地方剧种,它诞生在开封及周边各县,使开封有"戏曲之乡"的美誉。

开封曾为宋代都城。当时开封城经济繁荣,百姓安居乐业,勾栏瓦舍遍布全城,民间杂剧广泛流行,大型杂剧《目连救母》就曾在勾栏瓦舍演出。

关于豫剧的形成有不同说法,流传较广的一种说法是开封当地戏曲吸收梆子内容并发展成豫剧。《清稗类钞·戏剧》记载:"土梆戏者,汴人相沿之戏曲也。"

大同：三代京华，两朝重镇

大同古城，古称平城、云州，在秦汉时期就已经是中原地区重要的县邑。汉高祖七年（前200年），刘邦北击匈奴，被困平城白登山（今大同东北），平城由此闻名。

大同的建都史最早可以追溯到北魏时期，北魏拓跋氏以大同为都城，城池宏大坚固。此后，大同经历了辽、金、元三代陪都以及明清大同府的历史变迁。

历代统治者都非常重视大同城池的修筑。尤其是在明清时期，大同的军事地位显著。历史上，大同古城屡遭战火，屡毁屡建。现在我们看到的大同古城墙是明代徐达将军在历代旧城的基础上修筑的。

先后有不同朝代在大同古城建都，各个朝代的文化汇聚于此，构成了大同古城丰富的历史文化。

大同云冈石窟闻名遐迩，是北魏时期的典型石窟。石窟现存洞窟 45 个，大小佛教造像 5 万余尊。石窟东西绵延约 1 公里，建筑规模宏大。佛教造像栩栩如生，造型精美，充分体现了北魏时期高超的雕塑艺术水平和独特的艺术风格，是研究大同古城的重要文化实物资料。

除了石窟造像，大同古城还有许多古寺、古塔建筑。华严寺坐西朝东，规模宏大，属皇家寺院。圆觉寺塔是大同古城现存唯一的仿木结构密檐式砖塔，塔高九层，建筑平面呈八角形。全塔结构共有三部分，即基座、塔身、塔顶。塔身有砖刻浮雕，生动形象地表现了北方民族的歌舞场景，具有重要的研究价值。

大同作为古代九边重镇之一，军事地位显著。大同长城始建于春

云冈石窟

大同古城

秋时期，历史悠久，秦、汉、北魏、隋、金、明、清等各朝均在大同修筑过长城。大同长城成为抵御北方游牧民族进入中原地区的一个重要的军事屏障。

大同古城航拍

郑州：黄帝故里，商之起源

郑州古称商都，位于河南中北部地区，"雄峙中枢，控御险要"，自古以来就是黄河下游的一座重要城市。

郑州在中原地区闻名遐迩的原因主要有两个：其一，相传郑州为黄帝的故乡，黄帝对华夏文明的影响极其深远，郑州也因此成为华夏文明的重要发源地；其二，郑州是夏商时期较早设立的都城，北魏郦道元的《水经注》记载："颍水经其县城（阳城）故城南，昔舜禅禹，禹避商均，伯益避启，并于此也。"阳城遗址就是今郑州王城岗遗址。

商朝时期，战事、水灾多发，商王朝多次迁都。东汉张衡的《西京赋》记载："殷人屡迁，前八后五。"商王仲丁曾迁都今郑州，商城遗址出土的各类陶器、骨器、青铜器、玉器等，都证实了这座古城悠久、辉煌的历史文化。

郑州古文化影响深远，以嵩阳书院儒家文化传承最为典型。嵩阳书院是我国古代的高等学府，其由北魏著名佛教寺院改造而成。北宋景祐二年（1035年），宋仁宗赐名嵩阳书院。范仲淹、司马光、程颢、程颐、杨时等名士都曾在此任教，"程门立雪"的故事也发生在这里。这里还是后世书院建筑、教育制度、儒家文化传承的重要"蓝本"。

郑州嵩阳书院大门

邯郸：天下名都，富冠海内

邯郸历史悠久，是早期人类文明的发祥地之一，新石器早期的磁山文化就诞生在这里。

邯郸有千年古都之称，赵、前燕、北齐、后唐等均在此建都。黄河故道、秦始皇出生地、荀子故里、先秦建安文化之滥觞地、杨氏太极拳发祥地等，这些都是邯郸古城的重要文化标签。

"邯郸"一词，可见于文献《春秋穀梁传》："故出奔晋，织絇邯郸，终身不言卫。"古本《竹书纪年》记载："纣时稍大其邑，南距朝歌，北据邯郸及沙丘，皆为离宫别馆。"由此可见，商朝时期，邯郸古城就已经存在。邯郸作为古城名，延续三千余年。

邯郸作为赵国的都城，在战国时期声名鹊起。汉乐府《名都篇》记载："名都者，邯郸、临淄之类也。"充分肯定了邯郸古都城的重要地位。

如今邯郸仍保留着许多遗迹，最知名的要数武灵丛台。《汉书·高后纪》中记载，高后元年（前187年）"夏五月丙申，赵王宫丛台灾"。此丛台具有两千多年的历史，始建于战国赵武灵王时期，位于今邯郸市丛台公园的中心位置，是战国时期保存至今的古建筑群。武灵丛台建筑为青砖包砌，结构奇特，装饰精美。整体建筑分上、中、下三层，可拾级而上俯瞰邯郸古城风貌。丛台上原有桥、阁、苑等建筑，现存的据胜亭为攒尖重檐建筑，古朴典雅。

在邯郸古城的历史遗迹中，赵王陵是中国目前发现的历史最悠久的王陵，是邯郸古城悠久历史的见证，距今有两千多年的历史，陵台、墓台、神道等地面建筑基本保存完整。

此外，邺城遗址、铜雀台、邯郸道等也是邯郸古城的重要历史文化古迹，是邯郸古城历经风雨洗礼的见证，也是后人了解邯郸古城文化的人文景点。

邯郸古城还是成语典故之城，如今流传下来的许多成语典故都与邯郸古城有关，如邯郸学步、邯郸匍匐、奇货可居、胡服骑射、纸上谈兵、黄粱美梦、毛遂自荐、负荆请罪、一言九鼎等，可见邯郸历史久远且文化底蕴深厚。

第二章 名都古城：见证岁月变迁 | 055

邯郸武灵丛台雪景

邢台：燕赵大地第一城

邢台是河北省中部的一座城市，古称邢州、邢襄、顺德府，曾经历四次建国、五次定都，有"五朝古都""燕赵第一城"之称。

邢台古城历史悠久，尧舜禅让、破釜沉舟、鹿死谁手等诸多历史故事都发生在这里。《尚书·禹贡》记载，周成王封周公旦四子姬苴为邢侯，建邢国。当时的邢国国都所在地就是如今的邢台。战国时期，邢台曾是赵襄子的封地，称襄国。因此，邢台也称为邢襄，是邢襄文化的发源地。

邢台自古就是人杰地灵之地。这里曾走出多位先贤名人、帝王将相，如战国名将李牧、唐朝名相魏徵、唐朝五朝名臣宋璟、元代著名天文学家郭守敬等，再如后周太祖郭威、后周第二位皇帝柴荣、五代后蜀君主孟知祥等。邢台还是唐高祖李渊、唐太宗李世民的祖籍，唐祖陵至今犹存。

邢台现存古遗迹主要有唐祖陵遗址、明长城遗址、唐宋清风楼遗址等，其中，清风楼保存较为完好。清风楼在邢台古城（襄都区）的中轴线上，为邢台古城的中心，后因战乱被毁，明成化三年（1467年）顺德知府拨重金重建。古楼砖石筑台，斗拱飞檐，庄严雄伟，是典型的明代风格建筑。楼内有唐代诗人王维的《四季图》石刻（其中"春图"石刻被盗），石刻具有重要的历史文化价值。

邢台清风楼

成都：天府之国，美食之都

繁盛一时的蜀中古城

成都位于四川盆地，气候湿润，植被茂密，适合农业与林业发展，是我国西南重要的文化中心之一。距今4000多年的新石器时期的古蜀文化就诞生在这里。

古蜀文化以蚕丛、鱼凫为开端。相传，蚕丛、鱼凫是古蜀之王，蚕丛擅长栽桑、养蚕，是古蜀纺织技艺的始祖；鱼凫擅长织网捕鱼，教会子民以渔业生存。

金沙遗址是成都西北部重要的古蜀文化发现地。这里出土的诸多金器、铜器、玉器、石器等文物充分反映了古蜀的工艺水平，展现了高度发达的古蜀文化。

古蜀国玉琮、金面具

经济、文化繁荣的城市

成都具有两千多年的建城史，是公元前4世纪蜀国的都城，也曾为西周的都城。《太平寰宇记》记载：周王迁都，"一年成邑，三年成都，因之名曰成都"。由此可知成都作为周都城的历史和名称的由来。

公元前316年，秦灭蜀，设蜀郡，成都为蜀郡首府，郡守李冰督建都江堰，大大促进了成都农业发展。汉武帝时期，成都工农商等各业发达，成为令人羡慕的"天府之地"。

秦汉时期，成都的手工业发达，尤其以织锦业最为兴盛，经济繁荣使得成都成为当时的大都市。

宋元时期，成都经济文化更加发达，丝绸织造及造纸水平领先全国，商业的发达促进了商品交易的发展。北宋仁宗时，为规范和促进贸易的发展，朝廷在成都设官办交子业务，成都成为世界上最早出现纸币（交子）的城市。

　　成都不仅经济繁荣，也是文化之城。成都悠久的历史赋予了其深厚的文化底蕴，自古文人雅士多会聚于此，如王勃、李白、陆游等均来到过成都，这里至今仍保留古代名人故居、遗址，如纪念诸葛亮的武侯祠、杜甫故居杜甫草堂等。

成都杜甫草堂入口

令人向往的美食之都

成都农、林、渔业发达,自古就有各种美食。这一点在我国古诗词中可以得到印证,如唐代张籍《成都曲》云"锦江近西烟水绿,新雨山头荔枝熟",陆游《成都书事》云"苦羹笋似稽山美,斫脍鱼如笠泽肥"。成都美食众多,赖汤圆、钟水饺、龙抄手、三合泥等都是成都传统美食。

随着社会经济的不断发展,成都作为经济发达、风光秀美之地,自古至今来此游玩者甚多,也将各地美食带入成都,丰富了成都美食。如今的成都已然成为令人向往的"美食之都"。

第三章

军事古城：雄浑边关风情

　　军事古城是根据古城的功能来界定的。这些古城地理位置绝佳,易守难攻,处在兵家必争之地。军事古城历经风霜,蕴藏着极高的历史文化价值。

沿河:京西军事指挥中枢

1402年,明成祖朱棣迁都顺天府(今北京),沿河是塞外通往北京的要塞。

沿河城位于北京门头沟区斋堂镇,原为三岔村,明万历六年(1578年)建城,因处于永定河沿岸而得名"沿河"。

沿河城建于崇山峻岭之中,地势险要。据《沿河口修城记碑》载:"沿河口当两镇之交,东望都邑,西走塞上而通大漠,浑河汤汤,襟带其左,盖腹心要害处也。"可见沿河城在军事上的重要性。

沿河城是一座山地军事古城,也是北京市留存最为完整的一座明代戍守军城。古城呈不规则的方形,南墙为弧线,其余各方位的城墙为直线。城墙用条石和鹅卵石砌成,城墙上建有敌台,用于防御敌人。

沿河古城东西两侧设有城门,南北两侧设有券形水门。城门基座

沿河城风光

用花岗岩条石砌成，质地坚硬，可承载城门的重量。基座上垒砌青砖。古城东门城墙上有一石碑，上书"沿河城"三个字。

东西城门之间是城中的主要街道。城中还建有真武庙、关帝庙、火神庙，并有校场、演武厅等用于练兵的场所。但由于时间久远以及战争的摧毁，很多古迹都破败了，只有零星留存下来的庙宇和戏台诉说着这座古城昔日的辉煌。

沿河城城门

敦煌：丝绸路上的"咽喉锁钥"

在位于中国西北的敦煌，夕阳的余晖洒在大漠尽头，清冷的圆月孤悬在湛蓝的夜空，漫漫黄沙遮天蔽日，谁能想到这样荒凉的环境中曾经屹立着一座繁华无比的古城？敦煌的风吹了几千年，风沙里有历史的回声。

西北荒漠中的绿洲

《汉书》有载："敦，大也；煌，盛也。"敦煌，即为盛大灿烂之意。

敦煌处于甘肃、青海、新疆交界处，是古丝绸之路的必经之地。春秋时期，因盛产甜瓜，敦煌被称作瓜州，月氏和匈奴都曾占领这片

鸣沙山与月牙泉

土地。西汉建元二年（前139年），张骞出使西域，"丝绸之路"由此开启。元狩四年（前119年），骠骑将军霍去病率兵攻打匈奴，使其远遁漠北。元鼎六年（前111年），汉武帝在敦煌设郡。

敦煌地处河西走廊的最西端，东边是三危山，南部是祁连山，北部是北塞山，西部是广阔无边的塔克拉玛干沙漠。想要从西域进入中原，敦煌是必经之地。

在一望无际的大漠戈壁中，敦煌是难得的绿洲，因而这里成为古丝绸之路上的重要驿站。

闻名遐迩的月牙泉就处于绿洲腹地。在鸣沙山脚下，月牙泉形似一弯新月，湛蓝的泉水点缀在金黄的沙丘之间，千百年来都不曾被流沙掩埋，为茫茫大漠增添了一种独有的柔美。

玉门关与阳关位于敦煌境内，处在中原与西域贸易往来的必经之路上，是丝绸之路上的重要关口。

玉门关坐落于敦煌西北部、疏勒河南岸，是一座方形的城池，城墙由黄土夯成，面积约600平方米。城北有一东西走向的车道，由此可直达西域。阳关处于玉门关以南，位于敦煌西南部的古董滩上，与玉门关相呼应，是出入中原的门户。

自古以来，关于这两个关口的描写数不胜数。如王昌龄诗云"青海长云暗雪山，孤城遥望玉门关"，王维诗云"劝君更尽一杯酒，西出阳关无故人"等。从这些诗句中也可以看出，玉门关与阳关扼边塞出口，而设立此二关的敦煌自然是"咽喉锁钥"之地。

玉门关遗址

万里黄沙间的孤城

敦煌古城位于党河中下游的绿洲中,是汉敦煌郡治,建于汉代,一直沿用至宋元时期。

古城长约1132米,宽约718米,为夯土所筑,城墙四角建有高大的角墩。西城墙上有一城门,可通西域。

明嘉靖年间,嘉峪关关闭,丝绸之路被切断,敦煌逐渐衰落。由于年久失修和自然灾害的侵蚀,如今的敦煌古城再不复昔日的繁华。

敦煌古城城墙

青州：东方之州，守山河之固

青州位于山东半岛，隶属今山东省。青州地势复杂，西南高、东北低，西南部重峦叠嶂，东北部沃野千里。

青州作为"九州"之一，历史悠久，自春秋战国时起就是交通要冲、军事重地。在青州这片土地上先后建立过广县城、广固城、东阳城、南阳城等多座古城。

广县城建于西汉时期，位于山脚的高地上，背靠高山，三面环涧，易守难攻；广固城建于晋永嘉五年（311年），在尧王山东南、北阳河边，依靠山势进行防御，是南燕都城；东阳城建在南阳河北岸、北阳河之东，因河北为阳，故名东阳城；南阳城建在南阳河的南岸、东阳城的对岸，始建于南北朝时期，后世不断修缮，一直留存到明清时期，是青州历史上存在时间最长的古城。南阳城初建时是土城，后期重建为砖城，设有阜财、瞻辰、海晏、岱宗四座城门，城墙

南阳古城城墙景观

高 12 米，上面建有一千多个垛口，便于军事防守。

由于历经多次战乱，上述古城大多损毁严重，如今的青州古城一般指包括东阳城的北关古街区、南阳城的部分地区，以及东关圩子城的昭德街区在内的区域。

东关圩子城由集市发展而来。元朝时，随着集市规模的扩大，商家和住户越来越多，人们就修建了圩子城。圩子城城墙高约 5 米，为夯土建成。城内商铺林立，街道纵横，其中以入选"全国十大历史文化名街"的昭德街区最为著名。

昭德街区包括东门街、昭德街、北阁街等多条街道，城中的道路多为青石板铺就，白墙灰瓦，透着浓浓的古韵。昭德街区中居住着回族、汉族、满族等多个民族的民众，因而街区中的一些建筑带有浓郁的民族特色。这些建筑分布在不同的街道上，成为古城中独特的风景,也体现了不同民族文化的和谐发展。

清雍正年间,为了加强山东的防务,朝廷在青州建立了驻防旗城。古城设有海晏、泰安、宁齐、拱辰东西南北四座城门,城门上都建有重檐转角城楼,城楼上放置火炮。城外建有护城河和马道,既能用于防守,也便于军队的通行。城内建有官衙、演武厅等建筑,便于指挥以及日常练兵。

民国时期,驻防旗城的城墙被拆,城中建筑也多毁于战火。这座城已然成为历史,也是青州的最后一座古城。

青州古城城内街道

荆州：九州之一，终三国之世

三国时期，魏、蜀、吴三方割据，荆州成为关系着天下得失的战略要地，许多故事在这里上演，如刘备借荆州、鲁肃讨荆州、吕蒙夺荆州、关羽失荆州等。荆州的得与失贯穿了整个三国时期，也影响着历史的进程。

关乎兴亡的战略要地

春秋战国时期，楚国在湖北一带雄踞，以荆州为都城，因而荆也是楚国的代称。

东汉时期，天下分为十三州，荆州辖境约为当今湖北、湖南两省，以及广西、河南、贵州、广东的部分地区，是当时占地面积较大的州。从地理位置上看，荆州处于益州与扬州之间，向北连着司州和豫州，向南可通往交州，四通八达，既能走水路，也可走陆路。而且荆州气候湿润，粮食产量高。

"荆州北据汉、沔，利尽南海，东连吴会，西通巴蜀。"诸葛亮对荆州的描述可谓非常贴切。荆州北靠汉江，水运发达，物资运输便利；东接吴郡和会稽郡，西邻益州，益州多山，交通不便，但沃野千里，物产丰富，是天府之国。由此可见，只要占领了荆州，得益州如囊中取物，之后可以从巴蜀至陕西，出函谷关至中原，还可以顺江而下至江东，进而控制整个江南地区。

公元208年，曹操平定了北方的战乱，开始南下攻打荆州。在曹操的威压下，孙、刘形成联盟，共同抗曹。孙、刘大军与曹军在赤壁开战，曹操大败。

赤壁之战结束后，南阳郡以及南郡的北部、江夏郡的北部归魏管辖；荆州南部四郡（武陵、桂阳、零陵、长沙）归蜀管辖；南郡的南部和江夏郡的南部归吴管辖。至此，魏、蜀、吴三国在荆州的鼎立之势正式形成。

蜀国想要攻打益州就必须经过南郡，而南郡被吴国占领着，因而刘备向孙权提出了"借南郡"的要求。刘备攻下益州之后，将长沙和桂阳给了孙权。

东汉建安二十四年（219年），关羽率军北上攻打樊城，荆州空置，孙权派人直取荆州，关羽败走麦城。

绵延千年的历史名城

荆州古城始建于春秋战国时期,后世不断重建,如今古城中的建筑多建于明清时期。

这些建筑中保存较为完好的是古城墙,其也是中国府城建筑中保存最为完整的古城城墙。城墙高约 8 米,有 6 个城门,即东门、小东门、北门、小北门、西门、南门。除小东门外,其他 5 座城门均有闾门,为二重门,二门之间设有瓮城,便于防守。城墙用砖石砌成,城墙之上设有藏兵洞,洞内有射孔,既能保护士兵,又方便作战。

明朝内阁首辅张居正的故居建在荆州古城东大门内。此故居是四重院落,院中有文昌阁、捧日楼、纯忠堂等建筑,也有专门修建的花园。走在院中,我们既能欣赏古建筑的风貌,也能观赏自然美景。

荆州古城

襄阳：易守难攻，侠义豪情

襄阳是一座特别的城，非战争时期城中八街九陌，川流不息，一旦有战争出现，襄阳总能凭借其重要的地理位置在史书上留下浓墨重彩的一笔。

得天独厚的地理位置

襄阳位于湖北省西北部，汉江江畔，气候湿润，四季分明。襄阳地势西高东低，由西北向东南倾斜，西部多高山峡谷，中、东部为岗地、丘陵，平原面积相对较少。这也使得襄阳成为一座易守难攻的城。

由于东西两边多山，交通不便，襄阳中部就变得极为重要了。沿着中部平坦的道路，一路南下可至荆州，进入江汉平原，直抵长江，沿长江顺流而下可达江南地区，可以说控制了襄阳就等于控制了江南。从襄阳向北可到达南阳，进而进入洛阳，控制中原地区。襄阳重要的地理位置使其在任何时期都是兵家必争之地。

刀光剑影与侠骨柔情并存的军事古城

三国时期，诸葛亮在隆中为刘备分析天下大势，而隆中就在襄阳，古隆中也是襄阳如今极负盛名的旅游景点。

南宋末年，忽必烈发动战争，攻打南宋。元军一路向南，包围襄阳。宋、元两军在襄阳对峙了六年，最终襄阳守军由于外无援军、内

襄阳古隆中牌坊

乏粮草而被迫投降。

从三国到宋元，襄阳曾经历过无数次的战争，却始终屹立不倒，的确不负"华夏第一城池"的美名。

在金庸先生的笔下，襄阳是一座刀光剑影与侠骨柔情并存的古城。在《神雕侠侣》的结尾，众人死守襄阳，荡气回肠。

襄阳古城建于汉朝，唐朝时重修为砖城，现存城墙是明清时期修缮的。城墙高约 8 米，共有 6 座城门：阳春门、文昌门、西城门、拱宸门、临汉门、震华门。城外有护城河，通过吊桥与城墙相通。襄阳以北是汉江，樊城隔汉江与襄阳相望。

襄阳古城内有狮子楼、魁星楼等楼阁，城内建筑古朴典雅，与整座城庄重的风格相符。

襄阳古城

黔阳：苗地边陲，滇黔门户

黔阳古城是保存较好的明清时期古城。其位于湖南省，三面环水，环境优美，有"滇黔门户"之称。

黔阳古城面积不大，但古韵十足。古城共有五个城门，有一个被毁，如今还有四个可以正常使用。

城内街道交错有序，南北向的街道为主街道，其余街道多与主街相通。整个街道布局呈鱼骨状，其中以上河街、下河街和南正街最受游客欢迎。

许多明清时期的建筑依然保存完好，寺庙、祠堂、书院等遍布古城的不同角落。这些古建筑或气势恢宏，或精美别致，各具特色，点缀在古城内，使得整座古城更具古典风韵，游走在街道中会有穿梭于明清小城之感。

在黔阳古城的明清建筑中，楼阁也是一大特色，其中具有代表性的有芙蓉楼和钟鼓楼。芙蓉楼相传为唐代诗人王昌龄督建，其诗作

《芙蓉楼送辛渐》家喻户晓，"洛阳亲友如相问，一片冰心在玉壶"一句更成为千古佳句。王昌龄曾被贬至今黔阳县，古诗题目中的芙蓉楼即黔阳芙蓉楼。芙蓉楼后毁于战火，现存芙蓉楼为清朝时重修，整体建筑为重檐歇山顶的纯木结构，共两层，可登高远眺。芙蓉楼周边环境宜人，吸引不少文人墨客登临驻足，为黔阳古城增添了文人风采。钟鼓楼始建于宋朝，在明朝曾重修，整体建筑为木结构，建筑形制为三重檐方亭尖顶。楼内设旋梯，可拾级登高，是黔阳古城的典型寺庙建筑。

由于地处湘西，古城中的很多建筑，如窨子屋、晒楼等，都极具当地少数民族建筑特点，是湘西民族风格建筑的集中体现。

黔阳古城古建筑

黔阳芙蓉楼

黔阳古城中最为出名的当数芙蓉楼,王昌龄曾在黔阳为官,并在此写下了千古名篇《芙蓉楼送辛渐》,其中一句"洛阳亲友如相问,一片冰心在玉壶"更是被传诵千年。古城中的芙蓉楼也因此声名鹊起,成为人们登临游玩的胜地。

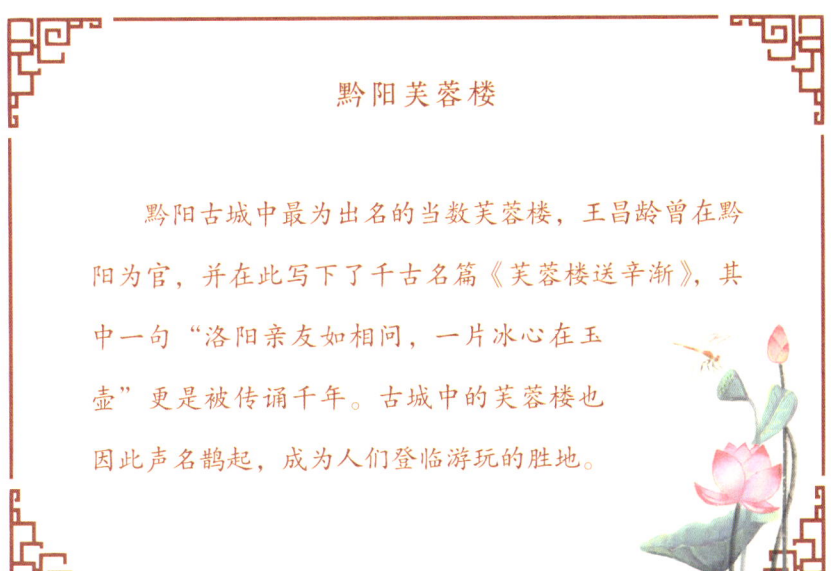

阆中：巴蜀要冲，文化之乡

　　阆中古城位于四川省，在四川盆地的边缘地带，巴蜀文化的交界处，地理位置优越，文化发展繁荣。

　　阆中在春秋时期是巴国的国都，秦统一六国后，在阆中设县，自此开启了阆中的郡治历史。三国时期，阆中为巴西郡治，张飞曾镇守阆中七年之久。

　　嘉陵江流过阆中，以嘉陵江为分界线，以东为大巴山，以西为剑门山。阆中古城位于两山之间，境内多为丘陵，河道纵横，平原面积小。

　　阆中古城处于嘉陵江中游，东临巴中，西接剑阁，北连苍溪，是巴蜀要冲。古城中有张飞庙、滕王阁、永安寺、川北道贡院等不同时期的古建筑，是古城的重要组成部分。

　　滕王阁建于唐朝，是滕王李元婴组织修建的。滕王阁边有佛塔一座，佛塔有两层基座，高约 8 米，雕刻精美，塔内雕刻有佛像。此处还建有颐神洞和慈氏洞，洞内有题词。洞外有明代诗人邵元题写的杜甫的诗《滕王亭子》，此诗是杜甫到滕王阁游玩时所作。

张桓侯祠又名张飞庙，始建于三国时期，是为了纪念张飞而建的，现存祠堂为明清时期重建。张桓侯祠为四合庭院式的建筑，设有东西厢房，祠堂内有敌万楼、大殿、后殿等建筑，左右建有牌坊，祠堂后有墓亭和墓冢。

阆中古城街景

韩城：秦塞雄都，风水宝地

韩城建于隋唐时期，最初为土城，明清时期改为砖城，东西南北各设有一座城门。古城三面靠山，一面临水，地理位置绝佳，易守难攻。

韩城东营庙

城内有一条南北向的街道为主街，主街两侧是交错的街道和小巷，街道两旁有商铺，以及文庙、东营庙、状元府等明清时期的古建筑。城内的八角宝塔是古城的标志性建筑，因修建于金朝，故而有人将韩城称作金城。

韩城历史悠久，文化积淀深厚，其中韩城秧歌是韩城重要的非物质文化遗产。韩城秧歌是一种融民歌、戏曲、说唱和舞蹈等多种艺术形态为一体的民间表演艺术形式。关于韩城秧歌的起源，众说纷纭。清代文人吴锡麟在《新年杂咏》中曾说韩城秧歌由宋朝"村田乐"演变发展而来，也有学者指出韩城秧歌正曲演唱类似宋元杂剧的前身"诸宫调"，认为其源于宋元杂剧。韩城秧歌的表演特色为唱与舞、奏与唱相间进行，并不同时出现，表演时，角色不多（多为一旦一丑），但题材广泛、内容丰富，是民间百姓在节庆时庆祝丰收的重要娱乐性表演，是反映韩城百姓精神文化生活的重要活化石。

韩城的社火文化

韩城的民间艺术发展繁荣，社火文化尤其昌盛，芯子、高跷、锣鼓等都是社火的主要活动形式。

锣鼓"耍神楼"是社火中规模宏大的祭祀活动,城中百姓都会参与。除此之外,韩城烟火也别具特色。沟北的烟火精致唯美,被称为"文火";赵庄的烟火声势浩大,被称为"武火"。

彭阳：宋夏交界的军事据点

彭阳位于宁夏回族自治区，在六盘山脚下，西通边关，南连关中，是军事战略要地。

北宋咸平六年（1003年），为了抵御西夏的入侵，朝廷在宋夏交界处的彭阳建立了一座城池，即彭阳古城。彭阳古城曾在宋夏交战中发挥过重要作用。庆历年间，北宋大将景泰在彭阳大败西夏军，保卫了宋朝的和平。

彭阳古城背靠西凤山，城墙为夯土建筑。城墙有三面，每面都建有一座城门，城墙四角设有角墩。古城山顶建有圆形城寨，用于军事防御。由于年代久远，古城损毁严重，如今只剩东墙和南墙。城中还有一些宋朝的瓦罐残片，这些都为古城的考古工作提供了有力的材料支撑。

宜宾：万里长江第一城

宜宾位于四川省，在云南、贵州、四川的交界处。金沙江、岷江在此交汇形成长江，因而宜宾素有"长江第一城"之美誉。

宜宾航运发达，曾经是中国南丝绸之路上的重要驿站。宜宾地势西高东低，西部多山，凉山、老君山等汇聚于此，东部连接四川盆地，多丘陵、河谷。宜宾平原面积小，"七山一水二分田"是其地形最好的概括。

宜宾有三座古城，分别建于唐、宋、明时期，其位置也各不相同。但由于时间久远，如今这些古城都只剩下遗址。

建于唐朝的古城位于宜宾城北，城墙为夯土建成，如今只剩两段。建于南宋时期的古城在登高山上，是为抵御元军入侵而建的，如今留存有城墙和城门。最后一座建于东顺城街口，为明朝所建，是一座石城，如今完整保存着"百二河山"石坊和一段长约 400 米的城墙。光阴流转，沧海桑田，昔日坚固的城池只剩下断壁残垣，但这些古城遗址见证了宜宾的发展，是宝贵的历史文化资源。

宜宾古城遗址

第四章

文旅古城：凝聚浓郁人文情怀

  在我国众多的历史文化名城中,杭州、平遥、安阳等文旅古城以其得天独厚的自然条件、丰富多彩的人文景观、丰富灿烂的文化遗迹受到了世人的称赞,有着各自的特色与优势。

  这些文旅古城的变迁史宛若中华民族跌宕起伏的发展史、复兴史的缩影,它们对于研究中国古代城市的城建风格与规制有着重要的意义,成为光辉灿烂的中华文化的代表性名片,为世界瞩目。

杭州：人间天堂，烟火繁华

杭州，古称临安、钱塘。在国家第一批历史文化名城的名单中，杭州名列前茅，以其旖旎秀美的自然风光、深厚的历史人文底蕴闻名于世，是古往今来无数文人墨客心中熠熠生辉的人间天堂。

东南名郡，山水胜都

"烟波澹荡摇空碧，楼殿参差倚夕阳。"杭州地处东南沿海，西临西湖，南接钱塘江，背靠我国著名的佛教名山武林山，湖光山色，美景如画。当地河网密布，自然资源丰富。

杭州的历史变迁复杂。相关考古研究显示，早在新石器时代晚期，此地的人类就创造了灿烂的"良渚文化"。到了秦汉时期，杭州被称为钱唐。隋朝时一度废郡为州，最早的杭州城也在几年后出现，"杭州"之名就此出现在历史的记载中，并承继千年。隋炀帝杨广下令开凿江南运河，从江苏镇江起，至杭州止。从此以后，在整个钱塘江下游地区，杭州的地位急速跃升，便利的交通也极大促进了此地经济文化的发展。

唐代置杭州郡，改"钱唐"为"钱塘"。到了南宋时，杭州城规模进一步扩大，人口也急剧增加。此时的杭州城城建发达，商贸繁荣，风光旖旎，是当之无愧的东南名郡、山水胜都。南宋至今，杭州城几经繁荣、衰落又兴起，慢慢演变成今日我们所熟知的模样。

杭州西湖美景

文艺之邦,民俗之乡

杭州是华夏文明的发祥地之一,古迹众多,文化灿烂,民俗氛围浓厚。

首先,文物古迹遍布城内外,种类繁多,各具特色。比如,古城区内的传统江南民居建筑布局紧凑,工艺高超,独具韵味,而元宝街胡雪岩故居、岳官巷吴宅等名人故居也大多保存良好,吸引了众多游人的目光。

郭庄、高庄、刘庄、蒋庄等古典园林大都坐落在西湖畔,千年古塔、石刻造像等丰富的古建筑遗存则掩映于西湖群山中,与周围美景相得益彰,如历史名刹灵隐寺、杭州的地标性建筑六和塔、规模浩大

杭州古典园林郭庄一隅

的飞来峰造像等。

其次,杭州人杰地灵,名人辈出,其悠久的历史也造就了精彩灿烂的地方文化艺术。历史上出生于杭州的名人有沈括、龚自珍等,以唐代诗人白居易、宋代词人苏东坡诗词为代表的西湖文学流传至今,创建于清朝年间的西泠印社名扬天下,杭州评话、评词、杭滩、采茶舞、马灯舞、打莲湘等民间曲艺、歌舞发展繁荣,风靡一时。

另外,杭州特有的风物也彰显了此地深厚的历史文化积淀。杭州最地道的特产有丝绸、西湖龙井茶等。杭州向来有着"丝绸之府"的美誉,出产的丝绸色彩鲜艳灿烂,质地轻薄如纱,属于国家地理标志产品。杭州的西湖龙井茶也很有名,作为中国十大名茶之一,以其鲜绿的颜色、馥郁的香气、甘醇的口感闻名于世。

鲜美甘醇的西湖龙井茶

杭州的民俗文化丰富多彩，源远流长。规模浩大的吴山庙会，颇具地方特色的荷花节，历史悠久的采茶习俗，过年期间敲锣鼓、放风筝的习俗等都反映出当地人期盼美好生活的朴素情怀。

杭州的饮食文化同样独具一格。西湖醋鱼、东坡肉、定胜糕等佳肴美味品类繁多、不胜枚举。以浙江菜为主的烹饪风格，精工细作，轻油腻、轻调料，口味鲜纯，兼具美味与形色，精致非凡。可见，杭州的美，不仅在于其"水光潋滟晴方好，山色空蒙雨亦奇"的美丽景致，更在于其延续千年的繁华烟火气。

平遥：晋商云集的名城

平遥古城坐落在山西省晋中市，始建于周王朝时期，具有深厚的历史底蕴和人文内涵。古城中的城墙、街巷、庙宇、民居无不体现出中原汉民族文化的特点。

古城中的历史建筑遗存具有典型的北方建筑的形制风格，而城中大量的古代汉文化印记、文物遗珍等也为今人研究古代汉民族的城市建设与发展提供了珍贵的范本。

在古代，平遥被称为古陶，自秦始皇下令实行郡县制以来，该地一直是县治所在地。明朝初年，古城周围筑起抵御外族入侵的城墙，后又经过多次修葺、重筑，其间还加筑了更多敌台，几次翻新城楼。到了康熙年间，平遥古城墙上筑起大城楼，远远望去十分雄伟壮观。

规模浩大的古城墙将平遥隔成墙里墙外两个不同的世界。城墙以

第四章　文旅古城：凝聚浓郁人文情怀 | 105

平遥古城内的明清古街

平遥古城古城墙与城楼

外被称为新城,那儿耸立着高楼大厦,更为现代化;而墙内则是另一番景象,街巷横竖交织、排列有序,建筑布局遵从八卦的方位,基本契合明清时期的城市规划理念,民居、店铺等建筑也基本保留着明清时期建筑的形制风格,走入其中,仿佛穿越回了古代。

古城内著名的建筑有平遥县衙、日升昌票号等。平遥县衙位于古城中心,是我国规模最大、保存良好的古代县衙。整座县衙充满古典情调,呈轴对称布局。县衙内的建筑群有主有次,分布错落,整体布局紧凑。

著名的日升昌票号总庄设在平遥。票号指的是出现于清代的一种金融机构,相当于现代银行的雏形。日升昌票号成立后,经过几年的发展,其经营网点迅速扩大,分号如雨后春笋般在全国各个城市纷纷

平遥古城古县衙

设立。这促进了平遥商品经济的繁荣，为晋商的崛起与发展奠定了良好的经济基础，平遥也成为晋商的发源地之一。

平遥古城内保留着很多具有鲜明地方特色的传统节日及民俗活动。典型的传统节日有祭灶神、祭星日等，民俗活动有旱船、高跷、抬阁、龙灯、竹马等，充分展现了古代劳动人民的生活智慧及审美情趣。

安阳：甲骨文的诞生地

安阳古城又名彰德府城，位于安阳市文峰区老城区境内。安阳历史悠久，作为我国著名的国家级历史文化名城，是我国八大古都之一，是中华文化的重要发祥地，也是甲骨文的故乡。

历史上的安阳曾是商朝的都城，而安阳殷墟是迄今为止发现的最早的都城遗址。公元前236年，秦国大将王翦攻克安阳，始建安阳城。往后历朝历代都曾在原安阳城的基础上进行过修葺与扩建。到了明代洪武年间，安阳城被改建为彰德府城。此时的古城呈方形，于东西南北分别建有永和门、大定门、镇远门和拱辰门。四门上都建有城楼和角楼。而城中央则建有三重檐鼓楼，气势恢宏，分外引人注目。

清朝至民国，安阳城前后几次被重修，并于民国二十一年（1932年）增设新安门。古城内的各类建筑布局和谐精妙，东西南北四条古商业街穿插其中，构成了安阳独特的城市风貌。城内著名的古

安阳东南城墙角楼魁星阁

建筑有文峰塔、高阁寺等,从外形上看,这些古建筑无不高大宏伟,令人眼前一亮。若走近仔细观察,会发现其建筑风格各不相同,建筑细节既实用又带有独特的美感,与周围环境相得益彰。另外,古城内的民宅四合院众多,大多古朴典雅,保存良好。

今天的安阳古城,保留着明代时形成的规模(9府、18巷、72

安阳古城高阁寺夜景

胡同），延续着"东府西巷"的布局，为古城增添了一种浓郁的烟火气息。

安阳还是甲骨文的故乡，原因在于安阳古城发源于数千年前的殷墟文化。20世纪初，人们在河南安阳小屯村发现了刻有神秘文字的龟甲。从此以后，甲骨文出现在世人的视野中，安阳殷墟也因此而举世闻名，安阳殷墟甲骨文的重大发现更促进了一门新学科——甲骨学的诞生。

如今的安阳既承载着历史名城厚重的文化积淀，也在当地人们的共同守护和努力下焕发出新的活力和气息，而新与旧交相辉映，构成古城越发独特的魅力。这也使得游人们络绎不绝地前往安阳，一睹古城风采。

河南安阳殷墟博物苑

南阳：因地制宜的梅花城

河南南阳也是国家历史文化名城之一，更是人类文明的发祥地之一，在历史上曾有着南都、药都等诸多称号。

南阳古城的前身——古宛城兴建于夏朝，是夏朝时著名的都城之一，经历周、秦的扩建，至两汉时盛极一时。西汉时，南阳是当时赫赫有名的五大都会（其余四者分别为洛阳、邯郸、临淄、成都）之一。到了东汉，南阳经济发展繁荣，仅次于都城洛阳。汉末时，其地位迅速提升。

汉朝南阳城的遗址位于今河南省南阳市，主要包括城垣遗迹、高台建筑遗迹两大部分。其中，高台建筑遗迹主要有两处，一处位于老城的东北角，一处坐落在市区人民公园内，分别被人们称为"明山"和"望仙台"。另外，古城四处还存留着不少汉代文化遗物，比如汉代灰坑遗迹、冶铁遗迹等。

清代同治年间，为加强古城的军事防御功能，时任南阳知府傅寿彤在考察了此地独特的地形后，下令在城外修建寨堡。不多时，万安寨、沔阳寨、永安寨、人和寨这四座寨堡相继建成。四座寨堡因地制宜，各据城门而建，分列于东西南北。而四寨之间则以夯土筑墙连通，形成南阳古城的外廓，紧紧卫护着古城。若从高空中俯瞰，我们会发现这四座土寨呈现出优雅的梅花形，故其又称梅花寨、梅花城。

梅花城的落成，极大地加强了南阳城的城市防御功能，而它的出现也极大程度地拓展了外城的功能（如防洪、航运等）。如今，梅花城大部分都已遭到破坏，仅存的南寨城墙则成为南阳历史文化名城乃至我国城市防御工程建筑技术历史的重要见证。

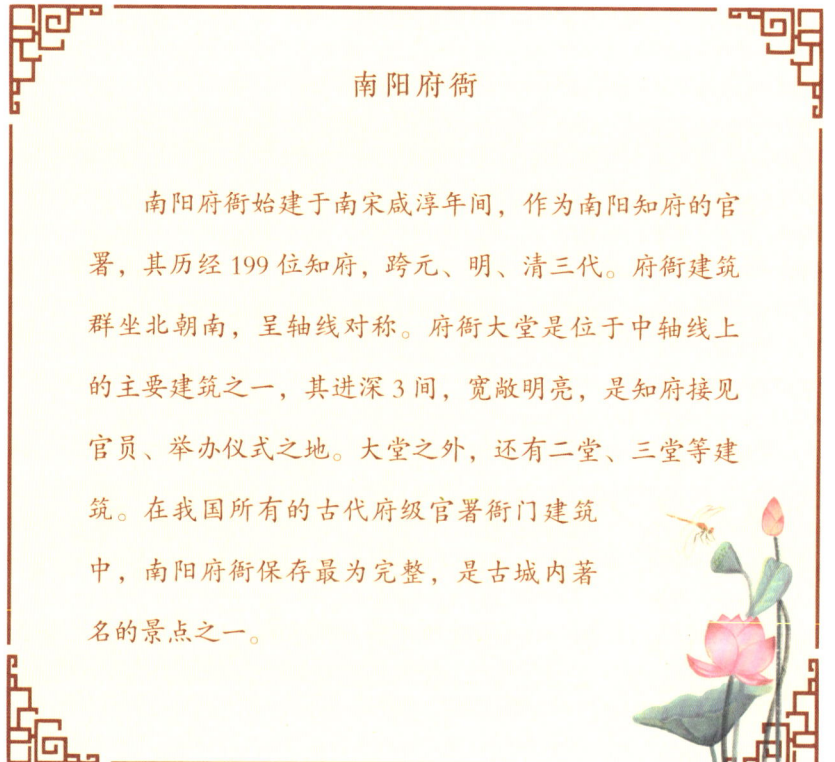

南阳府衙

南阳府衙始建于南宋咸淳年间，作为南阳知府的官署，其历经199位知府，跨元、明、清三代。府衙建筑群坐北朝南，呈轴线对称。府衙大堂是位于中轴线上的主要建筑之一，其进深3间，宽敞明亮，是知府接见官员、举办仪式之地。大堂之外，还有二堂、三堂等建筑。在我国所有的古代府级官署衙门建筑中，南阳府衙保存最为完整，是古城内著名的景点之一。

第四章 文旅古城：凝聚浓郁人文情怀

南阳府衙内部

商丘：名都大邑，燧人氏的故乡

商丘古城，位于商丘市中心广场正南方位，是国家历史文化名城之一。相传在远古时代，燧人氏发明了钻木取火法，并在商丘创建燧明国，由此开创了华夏文明。商丘作为华夏文明的发源地之一，也获得了"殷商之源""火文化之乡"等多种称号及美誉。

商丘古城在历朝历代都属名都，因商汤曾于此地建立都城，所以又称为"大邑商"。从商王朝的始祖契开始，至战国时期宋国的最后一任国君宋康王止，商丘一直都是帝王之都。[①]

西汉时的梁孝王曾在此地建起规模宏大、精美绝伦的梁园。到了唐朝天宝年间，由于交通便利，商丘（唐时称睢阳）一跃成为当时的商业名都。此处不仅聚集了粮商、盐商、茶商，还吸引了无数文

---

① 陈华光. 商丘古城变迁其文化内涵[J]. 中州今古，2002（2）：26-28.

人墨客的目光。李白曾为梁园赋诗道:"舞影歌声散绿池,空余汴水东流海。"杜甫也在游历古城时留下"邑中九万家,高栋照通衢"的诗句。

唐安史之乱时,大将张巡率领部众在此地展开睢阳保卫战,历时多月。叛军虽然被击退,但商丘百姓的生活受到战火牵连,古城城建也损毁严重,不复往日风光。后宋太祖赵匡胤发迹于此。宋靖康之变后,宋高宗赵构在南京应天府(今商丘古城)登基称帝,创建南宋。元代时商丘改称归德府城。

商丘古城也被称为"城上城"。明代时,因频繁发生黄河水患,此处多座古城彻底被埋于黄土之下。我们今天所见的古城是明弘治年

商丘古城城墙与城楼

间当地人民在古城旧址上重建的,而地下叠压的不仅有唐朝的睢阳城遗址,还有宋朝的应天府南京城遗址、元朝的归德府城遗址。

明正德六年(1511年),古城的重建工作基本完成。到了嘉靖年间,古城在扩修的基础上逐渐形成集城郭、城墙、城湖于一体的格局,从高空俯瞰,城墙巍峨高耸,护城河蜿蜒流淌,整座古城像极了一枚古代铜钱,外圆内方,极其独特。

商丘古城内有街道一百多条,形似棋盘,虽复杂却又严整有序。各类建筑星罗棋布,分列在街巷两旁,数不清的名胜古迹则藏在古城的各个角落。著名的景点有大成殿、明伦堂、六忠祠、壮悔堂等,这些古代建筑见证了商丘的繁盛。

商丘古城壮悔堂

历史上的商丘一直有着很高的地位,属于兵家必争之地。在岁月变迁中,虽然今天的商丘古城已经不复当年的繁荣昌盛,却也因其丰富而厚重的文化遗存、独特的资源禀赋而成为河南省商丘市的名片,并被评为全国重点文物保护单位。

广府：孕育太极的北国小江南

广府古城位于河北省邯郸市永年区，历史悠久，风景秀丽，城内文物古迹遍布。宽阔的护城河像一条碧绿的缎带环绕在古城四周，与雄伟的护城墙相映成趣。

古城地理位置特殊，坐落在永年洼（河北省三大洼淀之一）的中央。此地湖塘众多、水网密布、植被茂密、鱼虾共生，每逢春夏之际，四处一派草长莺飞、郁郁葱葱的景象。尤其是荷花盛开之时，空气里都弥漫着醉人的荷香，广府古城仿佛变成了江南水乡，那迷人的水韵让人流连忘返。正因如此，广府古城有着"北国小江南"的美誉。

春秋时期，此地为曲梁侯国，当时的城以夯土筑成，无水，与今天"水中城"的景象大相径庭。北齐天保年间，曲梁县被划归于广年县下，广年县治改为曲梁城，即如今的广府古城。

第四章 文旅古城：凝聚浓郁人文情怀 | 121

广府古城护城河、城墙与角楼

隋朝时，改广年城为永年城。元明时期，城池面积逐步扩大。尤其是明成化年间，时任广平府知府李进主持开挖护城河的工程，这才造就了今天的水城美景。明嘉靖年间，时任广平府知府陈俎率领当地的工匠、农民耗时十多年，将广平府土城改筑为砖城，并相继建起几座城楼。

广府古城内的古建筑大多保存着明清时代的建筑格局和形制，更

广府古城保存较好的古城楼

特别的是,古城建筑的屋檐、梁枋、斗拱、柱上大多绘有精美的苏式彩画,题材广泛,绚烂多姿。广府古城内的建筑墙壁大多用青砖砌筑而成,苏式彩画的明艳色彩与周围稍显暗沉的墙壁形成鲜明的对比,十分引人注目。

历史上的广府城在很长的一段时间里都是冀南一带著名的城市之一,堪称镶嵌在冀南大地上的一颗熠熠生辉的明珠。历史上,这里名人辈出,如战国时期平原君麾下门客毛遂,东汉末年的谋士沮授,唐

广府古城的古建筑屋檐彩绘

朝才子司马曙,明末清初文学家申涵光、张盖等。

而古城秀丽的风光也颇受文人雅士的偏爱,诗仙李白曾在此地留下"醉骑白花马,西走邯郸城"的诗句,清代方观承在路过此地后,也兴致勃勃地赋诗描述广府城的美景:"稻引千畦苇岸通,行来襟袖满荷风。曲梁城下香如海,初日楼边水近东。"

值得一提的是,广府古城还是杨氏、武氏太极拳的发源地。当今太极拳分为陈、杨、武、吴、孙氏五大门派,其中,杨氏太极拳柔中带刚、舒展洒脱，武氏太极拳强调内劲，招式紧凑，都以其各自的特色而名扬中外。广府也因此获得"中国太极拳之乡"的称号。

广府的民间风俗文化

广府的民间传统文化艺术历史悠久、形式丰富，涵盖戏剧、舞蹈、民俗节庆等多个领域，典型的有永年西调（河北地区传统戏剧）、永年吹歌（河北地区传统民间文艺形式）、永年正里小曲（河北地区传统民间歌舞形式）、抬花桌（河北地区元宵节传统习俗）等。

尤其是韵味独特、回味悠长的永年吹歌，早在2006年就被列入第一批国家级非物质文化遗产名录。永年吹歌又名"响器班""游乐会"，这种民间表演艺术形式明朝时就已经出现，艺人在表演时一般使用唢呐、横笛、捧笙等乐器，表演风格或热烈激昂或平和细腻，带有一种质朴的美感，具有鲜明的地域特色，深受当地人们的喜爱。

台儿庄：经历战火的运河水乡

台儿庄古城地处鲁苏豫皖四省交界处、京杭大运河河畔，其占地面积广阔、规模浩大，历史上曾是一座风景秀丽、商贸发达、散发着浓郁人文气息的城镇。清朝乾隆皇帝驾临此地时，为台儿庄的秀丽风光和繁荣景象所倾倒，称赞其为"天下第一庄"。

唐代，台氏在此地立村，称为台家庄。元代，台家庄村人口聚集，商贸活动越来越频繁，于是渐渐发展为集镇，称为"台家庄集"。到了明代，台儿庄发展迅速，尤其是台庄闸（由江苏出发、驶往北京的漕船通往山东时经历的第一道船闸）的设立，使得这里的交通越发顺畅通达，短短时间内，此地便聚集了大量的人气。

清顺治年间始建台儿庄土城。遗憾的是，抗日战争时期，在著名的台儿庄大战中，台儿庄古城受战火牵连，几近损毁。2008年，台儿庄古城开始复建，两年后，台儿庄古城重新展示在世人面前。重建

天下第一庄——台儿庄古城

后的台儿庄古城建筑风格多样，既有北方建筑的雄浑大气，又有南方建筑的精巧秀丽。

目前，台儿庄古城拥有大大小小的汪塘18处，到处都是水街、水巷。游人坐在小舟上穿行于古城之中，可感受其不输于江南水乡的风情韵致。台儿庄古城从饱受战火摧残到重建后走向繁荣的过程复杂曲折，令人感慨万千。这座浴火重生的古城也在今天焕发出新的荣光和风采。

第四章 文旅古城：凝聚浓郁人文情怀 | 127

台儿庄古城的古街水巷

歙县：包容整合的徽文化

千年徽州府治之地

歙县古城位于安徽省黄山市，在古代一直是徽郡、州、府治之地。在古代，县治与府治均在一座城中，因此，在城池上形成了城套城的独特风貌。

歙县古城在秦朝时就已经存在，距今已经有两千多年的历史了。歙县古城在秦时隶属会稽郡，西晋时隶属新安郡，之后隶属和名称几经变更。1987年，徽州地区设黄山市，歙县隶属黄山市。歙县古城位于歙县徽城镇中心。

如今的歙县古城始建于明朝，有内城和外郭，四方各有一个城门。古城内瓮城、城门、古街巷、牌坊等保存完好。

徽文化的发展与辉煌

在我国历史上,北方强宗大族分别在东汉、西晋、唐末、北宋时有四次大规模的南迁,北方先进的中原文化、科技、艺术等在徽州地区逐渐扎根并发展,最后形成了独具体系、影响深远的徽文化,并在明清时发展至鼎盛,成为中国三大地方学①的发源地之一。

徽文化具有浓郁的地域特色,而且体系完整、内容丰富。徽式民居与园林建筑、徽商文化、徽派篆刻、徽剧与地方民歌、徽州婚嫁民

歙县古城

① 中国三大地方学:敦煌学、藏学、徽学。

俗、徽菜等，都是人们非常熟悉的典型徽文化。

徽式建筑令人们赞叹不已。建于元末明初的徽州府衙具有典型的徽式建筑特点，其在宋朝时遭遇大火，此后经复修、重建，整体建筑规模庞大、气势雄伟。歙县古城内的渔梁街有一千多年的历史，保留了较完整的街衢、水埠和码头古貌，见证了无数徽商的经商往返，被誉为"徽商之源"。

歙县徽州府衙内景

乾州：湘西文化的窗口

乾州古城位于湖南省湘西土家族苗族自治州，自古水陆交通发达，在古代是苗疆边地的政治、经济、军事、文化中心，如今仍是湘、鄂、渝、黔四省市的重要物资集散中心。

走在乾州古城的青石板上，看与古城守望千年的万溶江江水流淌，给人以沧桑之感。城中始建于唐宋时期的胡家塘，大塘邻小塘，是百姓饮水的重要来源。乾州古城的南门是一座月城，城设三座城楼，中间为主楼，两侧为耳楼，三楼呈"品"字布局，错落有致。一城开三门，俗称乾州"三门开"，是举世无双的建筑艺术。

城中的乾州文庙、观音阁等，是反映湘西地方民俗文化和信仰的代表性建筑，散发着浓浓的文化气息。每逢重要节日，人们装扮成京剧角色或传说人物，走上街头，用歌舞表达对节日的美好祝愿。

此外,传统手工绣艺、剪纸、彩绘也是湘西文化的重要组成部分。这些技艺传承至今,是湘西宝贵的文化遗产。

古香古色的建筑、宁静祥和的街巷、精美绝伦的传统技艺等,这些都是乾州古城的重要文化元素,是湘西文化的典型代表。也因此,乾州古城是回溯湘西历史、展现湘西文化的一个重要窗口。

乾州古城风貌

潮州：潮汕文化的明珠

潮州位于我国广东省沿海地区，是潮汕文化的重要发源地，有"海滨邹鲁""岭海名邦"的美誉。

潮州古城历史悠久，有文物古迹 700 余处。这些文物古迹大部分以实物的形式被保留了下来，其中比较著名的有纪念韩愈的祠宇韩文公祠、中国四大古桥之一广济桥、唐朝开元寺、宋窑遗址、元朝天后宫等。这些物质文化遗产成为潮汕文化的重要历史见证。

除了物质文化遗产，潮州古城还有很多非物质文化遗产，如潮绣、潮雕、潮塑、潮剧、潮州菜、潮州功夫茶等，这些都是潮汕文化的重要组成部分。

在探寻潮州古城悠久历史文化之余，潮州古城风景也值得一览。潮州"三山一水绕城郭"的自然景色汇聚成闻名遐迩的潮州八景（潮

潮州古城景观

州老八景）。潮州八景旧时有内外之分：内八景有东楼观潮、古刹梵唱、府衙钟声、奎阁晨晖等，已消失在历史长河中；外八景有湘桥春涨、韩祠橡木、金山古松、凤凰时雨、龙湫宝塔、鳄渡秋风、西湖渔筏、北阁佛灯。近年来，潮州当地为传承和展现古城历史文化风采，对古城进行了自然和人文建设，形成了潮州新八景：滨江红棉、广场灯影、坊街亭韵、淡浮水墨、绿岛晴岚、桑浦禅泉、凤凰天池、柘林渔火。这些景点成为潮汕古城古风新貌的重要名片。

第四章 文旅古城：凝聚浓郁人文情怀 | 135

潮州广济桥傍晚景色

第五章

山水古城：饱览大美自然风光

古时的人们常常择山觅水而居,久而久之,山川灵秀、地肥水美的山水之地就成为建造城市的绝佳地方,山水古城由此而来。

汀州、丽江、大理等古城风景秀丽,民居也极富地方特色;凤凰、绍兴、兰溪、镇远等古城古色古香,还具有灵秀之气;甘孜、喀什噶尔和拉萨风光旖旎,充满民族风情……不同的地理位置、气候条件和历史文化使得山水古城绚丽多姿。

汀州：中国最美山城

三省要道汇汀州

在风景秀美、物产丰富的武夷山南麓，坐落着一座风景秀美的古城，这便是汀州古城。汀州古城位于福建省龙岩市长汀县，因此也称长汀古城。汀州古城实现了山与城的完美结合，游走于汀州古城，于城中可看山，于山中可赏城。整座古城，后以山作屏，前以江为天堑，可攻可守，且自然景观优美，被誉为"中国最美丽的山城"。

"八闽"之一

汀州古城有着悠久的历史，西晋时期此处设县，唐朝时期此处开始建州,即汀州。至宋朝时期,福建的行政区域共计 8 个,号称"八闽"。虽然福建的行政区域在宋朝以后有所变化,但是"八闽"这一称谓一直沿用至今。如今人们依然称福建为"八闽之地",而汀州即是宋朝时期的"八闽"之一。

唐宋至明清时期,汀州古城一直是历代地方政府驻地,是当地的政治、经济、文化中心。

夕阳下的汀州古城

客家人的"大本营"

福建三大江之一的汀江发源于闽西，客家人进入福建后沿江居住，渐渐扩散至江边各个城镇。位于汀江之畔的汀州古城是客家人的最初聚集地，如今古城依然是客家人的"大本营"，被称作"客家首府"。

客家人定居汀州古城，给古城留下了特别的客家文化。与传统中原民居不同，客家民居通常拥有较大的占地面积。从外面看，客家民居像一座坚固的城堡。在民居内部，嵌套着院落、天井，可谓别有洞天。一套民居常常可以容纳一个家族的几十户人家。客家民居这样的房屋布局不仅适合居住，还有一定的防御功能。在涂坊镇还遗留着建于清朝年间的涂氏风如围屋，至今保存完好。

历史古迹遍古城

长汀山清水秀、人杰地灵，自古以来出过不少文人雅士，遗留的文物古迹也十分丰富。

在罗汉岭上坐落着一座古庙，当地人称其为"蛇王宫"。福建自古就多蛇，蛇正是原始社会时期当地氏族所崇拜的图腾。在当地流传着"没有汀州府，先有蛇王宫"的古话，可见蛇王宫的建造历史之久。

除了蛇王宫，汀州还有多处古迹。建于唐朝时期的八卦龙泉与建于宋朝年间的府学阴塔构成了如今汀州的著名景点——双阴塔；建于宋朝时期的天后宫由山门、戏台、多个阁楼与数间大殿构成，其中的妈祖庙供奉着护海女神妈祖；商周时期的石器、青铜器等丰富多样；明清古街的古建筑鳞次栉比……遍布古城的古迹让人目不暇接。

汀州天后宫

丽江：绿色明珠，山水名城

高原之上落名城

长江上游的金沙江古时被称作"丽水"，金沙江绕古城而过，元朝时期此地城市兴起，即早期的丽江古城。

丽江自古就是滇、川、藏的交通要道，一直是云南省的政治、经济中心。随着时代的变迁，丽江古城的行政区域也发生着改变。2002年，丽江地区撤地设市，在古城区的基础上扩大管辖范围。人们常说的丽江古镇，也即丽江市古城区（丽江古城）。

丽江古城隶属于云南省，地处青藏高原与滇西北高原交界处。丽江古城东临四川攀枝花、凉山彝族自治州，南接云南大理，西依狮子山，北邻象山、金虹山。游人站在丽江古城中，可清楚地望见高大巍峨的玉龙雪山。古城与雪山相映，人文景观与自然景观的碰撞让人感

144 | 多彩山河：赏中国古城

与雪山相映的丽江古城

受到人与自然的和谐之美。

茶马古道与南方丝绸之路

古时,人们运送茶叶或丝绸都须经过丽江古城。

唐朝时期,西南地区的居民为了实现茶叶和马匹的交易,开创了一条重要的商品贸易通道,即茶马古道。茶马古道途经四川、云南、贵州等省,促进了云南地区与青藏地区的经济文化交流,并对团结各民族人民起到了重要作用。

南方丝绸之路是为将我国的丝绸销往别国而开辟的以四川为起点、途径云南的重要贸易通道。南方丝绸之路推动了各族人民之间的交流,促进了文化融合,成为东西方文化交流的重要通道。

绿色明珠现奇观

在丽江市玉龙纳西族自治县的石鼓镇,金沙江、澜沧江与怒江三江汇合,并在此来了一个U字形大转弯,形成了雄奇壮阔的自然景观——"长江第一湾"。

以往,每逢雨季降水增多,江水上涨都会淹没居民的良田,于是居民在江边两岸建堤种树挡水。随着时间的流逝,江边的柳树愈来愈多,周围的生态环境也越来越好,形成了一道独特、亮丽、绿色的风景,丽江也因此获得"绿色明珠"的赞誉。

第五章 山水古城：饱览大美自然风光 | 147

长江第一湾

纳西族人的聚居地

大部分纳西族人居住在丽江古城，他们原是畜牧民族，是云南特有的少数民族。

纳西族女性的服饰很有特色。服饰的上衣为宽袖大襟布袍，下衣为长裤，腰上束百褶围腰。青年女性的服饰常常选择艳丽的颜色，而中老年女性则选择青、黑等深色。纳西族女性常常披一条羊皮制成的披肩，在披肩上绣着精美的"七星"（代表北斗七星）和日月图案，她们称其为"披星戴月"，用来象征纳西族女性的勤劳。

纳西族男性上衣通常使用棉或麻制成，下身着深色长裤，束腰

纳西族人的服饰

带，穿布鞋或皮鞋。

纳西族人的民居具有北方四合院的一些特点，但又富有地方民族特色。与北方四合院以坐北朝南为尊不同，纳西族人的民居以坐西向东为贵，且通常为两层木结构，也有少数民居为三层。整体结构上，纳西族民居采用"三坊一照壁"的形式，即正房较高，其余配房较低，照壁与正房相对，这样的布局形式使得房屋整体看上去主次分明，布局协调。

凤凰：锦绣湘西，玲珑飘逸

青山绿水环古城

在武陵山脉南麓，湖南省湘西土家族苗族自治州西南部，坐落着一座充满诗情画意的小镇，其附近有一座山，因形似展翅的凤凰而得名凤凰山，这座小镇因此山而得名凤凰。

凤凰古城是镇，亦是城。其周围群山环绕，沱江水缓缓穿城而过，青山映着绿水，城中斑驳的青石板路搭配江边独具特色的民居，形成一道亮丽的风景。

凤凰古城历史悠久，古城交通便利，其东临泸溪县，南接麻阳苗族自治县，北邻吉首市、花垣县，西连贵州省铜仁市、松桃苗族自治县，自古就有"西托云贵，东控辰沅，北制川鄂，南扼桂边"之说，一直都是湖南省的交通要道。

古城始建于清康熙四十三年（1704年），至今已有几百年的历史。如今古城中仍有保存完好的古城楼、朝阳宫、天王庙、万寿宫等建筑，古老的民居建筑在古城中也随处可见，为古城增添了宁静、平和、质朴的气息。

沈从文先生的故居就位于凤凰古城，沈从文先生的小说《边城》就是以湘西地区为背景，描述当地的风土人情。

特色民居吊脚楼

凤凰古城是少数民族聚居区，苗族、土家族、汉族等多个民族的民众聚居于此。当地气候温暖湿润，雨水充沛。为了适应周围的山水环境，当地居民早在唐朝时期就建造了极富特色的民居——吊脚楼。元代以后，吊脚楼民居在当地流行起来。如今古城中遗留的吊脚楼民居多是明清时期建造的。

吊脚楼底部使用多个木柱支撑，木柱下部没于水中，楼悬在水面上。吊脚楼通常为多层结构。上层通风、干燥，作为人们的居室使用；下层较为潮湿，用于堆放杂物或饲养牲口。凤凰古城江边的吊脚楼一座紧挨着一座，形成排列整齐的吊脚楼群。

依山傍水的凤凰古城

凤凰古城吊脚楼

大理：苍山洱海，四季如画

赏大理风花雪月

大理古城与丽江、凤凰一样，是风景秀丽的古城镇，小巧秀丽，或称镇或称城，是边陲小镇，亦是古镇之城。

大理古城位于云南省西部。唐朝天宝年间，南诏王在当地建立都城，称为羊苴咩城。之后明洪武年间修建了大理古城，并留存至今。

大理古城背靠苍山，面朝洱海，地处亚热带高原地区，四季气候温和，冬夏温差较小，昼夜温差较大。良好的气候条件使大理古城四季如春，植被繁茂，动物种类丰富，因此大理有"植物宝库"和"动物乐园"的美誉。

大理古城规划整齐，街巷纵横交错，在东西南北四个方位分别设有城门。除南北城门还残存历史遗留的部分古城墙，其余皆为重新修

建。城内街道两旁店铺整齐排列，三条小溪穿城而过，青瓦屋面民居被溪水环绕，为大理居民养花提供了便利的条件，随处可见的花朵将古城装点得更加绚丽多姿。

大理的"风花雪月"远近闻名，令人清爽的下关风、香气袭人的

苍山洱海

上关花,以及苍山雪、洱海月构成大理四绝,成为游客来到大理的必赏之景。前人曾留下"花映闲池柳拂栏,风华烟雨等闲观。苍山月隐浮云绕,洱海风清碧浪涟"的赞美诗句。

观大理白族民居

大理历史悠久,早在几千年前,白族先民就居住于此。如今大理古城的民居多为白族民居。这些民居采用"三坊一照壁""四合五天井"的结构形式。"三坊一照壁"即正房一坊,左右厢房二坊,正房对面是一堵照壁,合围成一个三合院。"四合五天井"指由正房、下房、左右厢房四坊房屋组成的封闭式四合院落,除中间有一个大天井外,四角还有四个小天井。白族人通常将房屋墙壁刷成白色,再在其上描绘富有当地民族特色的花纹。

白族民居

崇圣寺三塔

在大理古城西北约 1.5 公里处坐落着一座古色古香的寺院——崇圣寺。该寺建于南诏时期，在清朝年间被毁，2002 年，大理市政府组织人力进行重建。寺院内矗立着三座宝塔，是唯一没有被毁的古建筑，如今成为大理的文化地标。

三座宝塔形成三足鼎立之势，中间的塔名为千寻塔，高大雄伟，比其余两座宝塔更高。千寻塔身内设有木制阶梯，通过阶梯可以登到塔顶俯瞰大理古城景色。

大理崇圣寺三塔

绍兴：品酒泛舟，风光旖旎

人文荟萃聚绍兴

绍兴位于浙江省，与杭州、宁波、台州、金华接壤，北临钱塘江，是长三角城市群的重要一员。

绍兴是一座历史悠久的古城，几千年前就有先民居住于此。公元前490年古城建立，当时名为会稽。春秋时期绍兴古城为越国都城。南宋时期宋高宗驻跸于此，取"绍奕世之宏休，兴百年之丕绪"之意，将此地改名为"绍兴"，并沿用至今。

绍兴人杰地灵，自古出过多位名人雅士。古有文学家陆游、徐渭，近有教育家蔡元培、文学家鲁迅等，他们在绍兴这座古城里留下了太多的故事，激励着一代又一代的年轻人。

鲁迅求学地：三味书屋

景色幽雅，文化丰富

古城四面环水，城中河流纵横交错。小桥流水的景象使得绍兴具有典型的江南风光，别有一番幽雅氛围，被称为"漂在水上的古城"。乌篷船是古城内的重要交通工具，也是绍兴的一大特色。

绍兴物产丰富，绍兴黄酒全国闻名。春秋时期越王勾践"投醪劳师"的故事中的"醪"即绍兴黄酒的前身。绍兴黄酒采用五谷发酵，通过多种工艺技术酿造，有各种不同风味，受到各类人士的喜爱。

绍兴特产除了黄酒，豆腐干、茴香豆等也广受欢迎。

绍兴小桥流水的江南风光

此外，绍兴的戏曲种类丰富，剧种、曲种多样且各有特色，戏曲文化成为绍兴文化的重要组成部分。

绍兴的节日气氛浓厚。除了春节、端午节等传统节日，每年三四月份桃花盛开时，还会举办桃花节，人们登山赏花饮酒，惬意十足。

兰溪：依山傍水，登临览胜

历史悠久的兰溪古城

兰溪古城位于浙江省金华市中西部，其背靠大云山，西濒兰江，是一座依山傍水、自然风光优美的历史古城。

通过旧石器时代的遗址分析，兰溪古城早在几千年前就已有先民居住。夏商周时期，兰溪古城隶属越地，唐朝时期建立兰溪县，元朝时期升为兰溪州，后随着朝代更迭，兰溪多次易名，最终又复用兰溪之名。

兰溪古城原有四个城门，依照东南西北的顺序依次为安政门、明德门、清波门和拱宸门。由于战祸以及时间久远，古城的城墙遭到损毁。明正德七年（1512年）城墙被重筑，如今只残留江边的600余米。古城的四个城门楼如今只剩下西城门楼。原来的西城门楼没能抵过岁月的侵蚀，于1985年倒塌，如今的西城门楼乃是1955年重建。新建西城门楼共有两层，高大而雄伟，登楼可远眺兰溪美景。

诸葛亮后裔聚居地

诸葛亮在《出师表》中曾自称"躬耕于南阳"，然而其后裔却聚居于浙江兰溪的一个村落。这个村落的居民大部分为诸葛亮后裔，因此村落得名诸葛村，又名八卦村。

八卦村的得名，与村落民居的布局形式不无关系。村中有一钟池，钟池旁边为一片空旷的广场，钟池与广场合围形成一个圆形，二者之间以一条曲线分隔，形成太极阴阳鱼图形。村民的房屋以此为中心呈放射状分布，从高空俯瞰，村民的房屋层层向外延伸，弄堂将房屋分隔开，形成八卦阵图。对地形不熟悉的人进入村子，仿若进入迷宫一般。

第五章　山水古城：饱览大美自然风光 | 167

八卦村

镇远：碧水渔火，诗意盎然

山清水秀，黔东门户

镇远古城坐落于贵州省黔东南苗族侗族自治州，是镇远县下辖镇，也是历史文化名城。

镇远古城四周皆是山，河水蜿蜒，潕阳河像一个温柔的少女摆动着婀娜的身姿穿城而过，将古城分为"旧府城"和"旧卫城"两部分。古城周围山清水秀、层峦叠嶂，古城中的民居与古建筑点缀于这美丽的山水之间，构成一幅天然的优美画卷。

镇远古城的名字可追溯到宋朝时期，当时蒙古军进攻南宋，南宋皇帝为了鼓舞前线士兵的士气，将当时的奖州赐名镇远。镇远古城地理位置优越，处于湘西丘陵和云贵高原的过渡地带，水陆交通便利，是贵州省的东大门，素有"滇楚锁钥、黔东门户"之称，历

镇远古城风光

史上一直是兵家必争之地。

五步一楼,十步一阁

镇远古城的古建筑颇多,在城中可以看到散落在各处的古城墙、码头、民居等。在镇远古城的城东,还有一片规模宏大、当地人引以为豪的历史建筑——青龙洞古建筑群。青龙洞古建筑群是镇远古城的文化地标,其建造工艺十分复杂、精细。古建筑群包括青龙洞、紫阳书院、祝圣桥等,集道家宫殿、佛家香堂、儒家书院、桥梁建筑等于一体,气势恢宏,可谓"五步一楼,十步一阁"。古建筑群阁楼悬空,各个单体建筑布局精巧,错落有致,风格十分独特。

青龙洞古建筑群

甘孜：田园牧歌中的格萨尔王城

高原上的古城

甘孜是甘孜藏族自治州的简称，它位于四川省西部，是藏民的聚居地。甘孜州也称康巴地区，康定即州府所在地。

甘孜介于四川盆地和云贵高原之间，气温较低但日照充足，典型的高原气候让这里的天空湛蓝如洗，空气异常清新。

甘孜的美，美在自然风景，也美在文化特色。甘孜民居以甘孜红、甘孜白为主色调，凸显出甘孜特有的地域色彩。同时，甘孜的古城历史、茶马文化和红色文化，是甘孜文化的宝贵元素。

甘孜风光

古城深处的英雄传说

在甘孜县城东南部坐落着一座拥有原生态自然风光的王城。王城周边的山峰连绵不断,远处的山顶积雪终年不化,广阔的草原一望无际,随着地势蜿蜒伸向远方,静静的湖泊倒映着远处的雪山、房屋,幽深的峡谷不时传来阵阵回声,仿佛在讲述一个美丽的传说……这就是位于甘孜的格萨尔王城。

格萨尔王是藏族传说中的一位英雄人物,相传他一生南征北战,除恶扬善,最后统一了150多个部落,成为藏族人民心中的旷世英雄。

格萨尔王的故事经过一代又一代人的传唱,最终形成史诗级作品

格萨尔王城风光

《格萨尔王传》，该作品于 2009 年入选联合国教科文组织《人类口头和非物质文化遗产代表作名录》，获得"东方的荷马史诗"的赞誉。

如今的格萨尔王城是 2017 年建的，王城的核心区为格萨尔文化区。格萨尔文化区围绕格萨尔王的一生，以其生平事迹为主线，立体展示了其英雄事迹，成为当地文化旅游新地标。

喀什：民族风情浓郁的王朝遗都

在中国西部，坐落着一座历史悠久、远近驰名的边陲城市——喀什。喀什市地处新疆维吾尔自治区的西南部，南接喀喇昆仑山，西邻帕米尔高原，克孜勒河、吐曼河等多条河流流经市内，城市风光迷人。

喀什古城位于喀什市中心。作为国家级历史文化名城，喀什古城处处彰显着厚重的历史文化内蕴和浓郁的民族风情。这里是古代多条丝绸之路的西端总交会处，是中西交通要道。古时此地贸易发达，城市繁华，有"五口通八国，一路连欧亚"之称。

喀什古城遗留很多具有西域特色的古文化遗址，如具有伊斯兰建筑风格的香妃墓、纵横交错的高台民居、乌帕尔新石器文化遗址等。

喀什古城香妃墓

拉萨：雄伟壮丽的日光之城

西藏自治区位于我国西南部，是我国西南边陲的重要门户，拉萨正是西藏自治区的首府。拉萨地处西藏高原中部，具有典型的高原山地气候特点，全年大部分时间天气晴朗，日照时间充足，被誉为"日光城"。

拉萨水资源较为丰富，有着拉萨母亲河之称的拉萨河穿城而过，滋润着拉萨城中的一草一木，赋予了拉萨城无限生机与活力。

约公元1世纪，多个氏族部落在西藏高原上产生，相互间争斗了几百年。约公元7世纪，强大的雅隆部落在松赞干布的带领下建立了吐蕃王朝，并将都城迁到拉萨。

松赞干布在拉萨建立城堡、寺院，修建道路，奠定了拉萨古城的格局雏形，大昭寺即在当时建成。唐朝贞观十五年（641年），松赞干布迎娶文成公主，并为文成公主建造了宏伟的宫殿——布达拉宫。布达拉宫是拉萨地区标志性的雄伟建筑，在建筑上表现出鲜明的民族审美，具有重要的社会、历史、文化价值。

布达拉宫风光

第六章

古城拾遗：寻找失落的文明

　　星霜荏苒，居诸不息。一些古城在岁月的侵蚀中逐渐失去了昔日的光华，只留下了斑驳旧迹。然而，即便是这旧迹亦有其独到之处。

　　古城遗迹记录着历史，传递着文化，代表着一个朝代、一个民族的兴衰荣辱。这些古城，即使破败不堪、满目疮痍，依然是某一段文明的见证者，残损的城墙上刻满了铁马冰河的故事。

楼兰：神秘消失的沙漠庞贝

楼兰地处中国西部的荒漠中，被誉为"沙漠中的庞贝"[①]。楼兰古城的消失至今仍是个谜，它与罗马庞贝古城一样都曾有过辉煌的历史，最终却变成一片废墟。关于楼兰的著名诗句有很多，如王昌龄的"黄沙百战穿金甲，不破楼兰终不还"，李白的"愿将腰下剑，直为斩楼兰"，辛弃疾的"且挂空斋作琴伴，未须携去斩楼兰"，等等，都从侧面证实了楼兰的存在和重要地理位置。

[①] 庞贝指古罗马帝国的庞贝古城。庞贝古城在火山喷发时被埋于地下，整体消失殆尽，楼兰或与庞贝有相同的消失经历。

罗布泊畔的古国

楼兰是汉朝时期西域的一个古国，在罗布泊的西北部，是丝绸之路上的枢纽。关于楼兰的记载最早可见于司马迁的《史记·大宛列传》："楼兰、姑师邑有城郭，临盐泽。"盐泽即古罗布泊，据《汉书·西域传》记载，罗布泊"其水亭居，冬夏不增减"。由此可见，罗布泊曾是广袤的湖泊，而罗布泊附近的楼兰因靠近水源而逐渐发展强大。

由于楼兰处在通往西域的交通要道上，汉使者前往西域各国一般都要经过这里。楼兰因地处商贸要道而逐渐繁荣。

随着罗布泊湖水的逐渐萎缩，楼兰迁都至扜泥城（新疆若羌），并改名为鄯善。

东汉时期，鄯善国不断发展壮大，最终成为西域强国之一。魏晋时期，鄯善国先后做过魏、晋、前秦、后凉等多国的附属国，依靠中原各国的力量在西域立足。

茫茫大漠中的遗址

东晋僧人法显曾游历西域，其《佛国记》中有载："楼兰故地，上无飞鸟，下无走兽，遍及望目，唯以死人枯骨为标识耳。"汉朝时繁盛的楼兰到了东晋时却是杳无人烟、一片苍凉，这个古国在无人知晓的时候消失在茫茫大漠之中。

荒芜的楼兰故地

1900年,瑞典探险家斯文·赫定在罗布泊探险时发现了楼兰古城的遗址(在今新疆若羌县境内)。

楼兰古城城墙已在风沙的侵蚀中消失了,根据城墙遗存推断,城墙是用红柳枝和黏土筑成的。古城呈方形,城内有古河道,河水自西北流向东南,将古城分为两部分。

"三间房"是古城中保存得较为完好的建筑。这三间房并排而建,坐北朝南,东西长约60米,南北宽约30米,为土坯柱墙,房内有文书、木简等物品。

古城东北部有一座佛塔,用土坯筑成,塔基呈方形,塔身为圆柱形,塔高约10米。

关于楼兰古国神秘消失的原因有各种猜测，但始终没有确切的证据。例如，罗布泊的枯竭使得楼兰人民弃城而走；战争频繁和经济衰退使楼兰被强国吞并；瘟疫的暴发使得人口数量锐减，存活下来的人离开了楼兰；等等。但由于古城遗址过于残破，关于楼兰的史料记载也不够充分，楼兰古城消失的真正原因就成了一个难以破解的谜。

楼兰故城[①]遗址

---

① 故城，指曾经存在过、如今已经成为废墟的古城。

尼雅：湮没在岁月中的精绝古国

精绝国位于尼雅河畔，是汉朝时期西域的一个小国。精绝国国土面积不大，存在的时间也不长，但其留下了丰富的文化遗产，为西域文化的研究提供了珍贵的历史资料。

沙海古国

尼雅河发源于昆仑山，是塔克拉玛干沙漠中的一条内流河，精绝国处于尼雅河畔的绿洲中。

《汉书·西域传》中有载："精绝国，王治精绝城，去长安八千八百二十里。户四百八十，口三千三百六十，胜兵五百人。"精绝国国土面积不大，人口数量少，但其处在丝绸之路上，依靠商业往来发展经济，在西域各国的纷争中得以自保。但到了东汉时期，精绝国被发展壮大的鄯善国吞并了。

佉卢文是精绝国使用的文字，其来源于印度，在公元2世纪左右传入中国。在精绝国的出土文物中有大量佉卢文木简，一些器物和丝织品上也会有佉卢文的装饰。但这种文字如今已无法破解，其记载的精绝国历史也就成了永久的秘密。

尼雅遗址

尼雅遗址是精绝国遗址所在地，位于新疆的民丰县。整个尼雅遗址沿着尼雅河延伸，有房屋、佛塔、墓葬、水渠等，是新疆古文化遗址中保存较好的一个。

尼雅遗址的标志性建筑是一座佛塔，佛塔周围有聚落、冶作坊遗址群等。佛塔为方形基座，圆柱形塔身，与西域各国的佛塔造型相近。

1901年，英国探险家斯坦因首次发掘了尼雅遗址，1906年又对遗址进行了二次挖掘。斯坦因前后两次挖掘共获得佉卢文木简、汉文木简上百件，还有一些武器、乐器、丝织品等。

1955年，尼雅1号墓的考古发现硕果累累，不仅挖掘出了陶器、木器、铁器等众多器具，还有花样繁复、色彩绚丽的纺织品，如"王侯合昏，千秋万岁宜子孙"锦衾。1959年，东汉夫妇合葬墓中出土了迄今为止我国发现最早的棉织品。

米兰：屯垦戍边的戍堡遗迹

米兰是中国古代的一个城市，位于新疆若羌县以东 80 里、塔克拉玛干沙漠南部的绿洲中。这里曾经是丝绸之路南道上的贸易中心，商贸繁荣，人口密集，汉唐时期经济发展迅速。

米兰古城最初是楼兰的伊循城，汉昭帝曾派兵在此屯田。唐朝时古城被吐蕃占领，并修筑了军事堡垒。

米兰古城遗址是由鄯善国伊循城遗址、汉代屯田遗址、唐代吐蕃古戍堡遗址以及魏晋古建筑群遗址共同组成的。

古城呈不规则的方形，四角建有墩台。古城中的住宅都已经消失了，只有城墙的墙根处还有少数破损的房屋。

东大寺和西大寺是米兰古城遗址中最具代表性的建筑，两座寺院的建筑风格相似，都是西域早期典型的佛教建筑。东大寺院墙很高，有上下两层。寺内建有佛殿，殿内有大型佛像的塑像，佛像的线条雕刻依然清晰可见。西大寺与东大寺相对而建，寺院中心建有一方形须弥式基座，基座上有一圆形建筑。

在古城遗址内，有一灌溉渠道。渠道设置完整，有一条总渠和七条支渠。支渠旁还有斗渠和毛渠。整个渠道呈扇形，灌溉范围较广，为汉唐时期的水利灌溉工程研究提供了实物资料。

古城中的烽燧和戍堡遗迹是吐蕃的建筑。烽燧多为方形，用土坯筑成，用于军事防御。在古城的房屋中还出土过大量写有吐蕃文的木简，以及兵器、丝织物等带有吐蕃风格的物品，从这些物品中可以看出吐蕃当时的发展状况。

米兰古城遗址的发现为汉唐时期西域文化的研究提供了重要的史料资源，意义重大。

米兰古城遗址

惠远：遗落疆域的戍边古城

清乾隆年间，为了加强对新疆伊犁的管理，朝廷特设置"伊犁将军"这一官职，并修建了惠远城伊犁将军府。"惠远"这一名字是乾隆帝取的，寓意是皇帝的恩德惠及远方。城内的多数建筑早已被战争摧毁，如今的惠远城是清政府在光绪年间仿照旧城重建的。

惠远城共有四个城门，东门景仁、西门说泽、南门宣阎、北门来安。伊犁将军府建在古城的东大街，是一座四合院式建筑。府内的厅堂、回廊、凉亭等无过多雕刻修饰，古朴自然。除此之外，将军府中还设有粮饷处、营务处、功过处等办公机构。

钟鼓楼处于古城的中心，是古城的标志性建筑。钟鼓楼是四层三檐歇山顶式建筑，第一层为鼓楼基座，用夯土筑成，以青砖包砌。基座的四面建有拱门，可通向四座城门。基座上建有三层木构彩楼，梁柱上画有彩绘，每一层的楼顶都用绿色的琉璃瓦覆盖，远看绚丽多彩。清朝时在钟鼓楼上置有一钟一鼓，敲击钟鼓以报时，檐角挂有铜铃，风过时铜铃声响，清脆悦耳。

惠远古城钟鼓楼

高昌：火焰山下的历史残存

"高昌"有"地势高敞，人庶昌盛"之意。高昌古城曾经是西域的经济文化中心、丝绸之路上的交通枢纽城市，有上千年的发展历史。

漫长的发展历史

高昌位于新疆吐鲁番市北部、吐鲁番盆地的中心、火焰山山麓。西汉初期，为了加强对西域的控制，朝廷在高昌修筑壁垒，用来屯田、驻兵，高昌也被称为高昌壁。东汉时期，高昌壁被扩建为高昌垒，城防功能被加强，隶属于凉州敦煌郡。东汉末年，中原战乱不止，北方部分人民为了躲避战乱迁徙到了高昌，并在此定居。

东晋十六国时期，前凉张骏占领了高昌，并在此设郡，称为高昌郡。之后，高昌郡先后被前秦、后凉、西凉、北凉4个政权占据，并不断扩建，成为吐鲁番一带的政治、经济中心。

北魏时期，阚氏首领阚伯周率兵占领了高昌郡，割据一方，史称阚氏高昌。此后，高昌相继出现过张氏、马氏和曲氏三个独立的政权。

唐贞观十四年（640年），唐朝出兵高昌，灭高昌国，高昌改称西州，由安西都护府管理，西州的州治即为高昌城。

唐咸通七年（866年），回鹘占领了高昌城，并以此为都城建立了高昌回鹘王国，这也是高昌建立时间最久的政权。

元朝时期，兴盛了千年之久的高昌古城毁于战火，成为一座荒城。

从汉至元，高昌古城走过了漫长的岁月，见证了西域的历史变迁，高昌遗址至今仍屹立在茫茫戈壁中，成为历史的一部分。

高昌故城遗址

高昌故城遗址由外城、内城和宫城组成，占地面积约200万平方米。

外城墙高约11米，整座城墙由夯土筑成。城墙中共建有9座城门，南面有3座，其余各面各2座。外城的东南和西南各有寺院遗存，寺院中有佛殿、讲经堂、僧房等建筑，佛殿内残存着一些壁画。

东南角的寺院中有一座佛塔尚存。

内城呈方形,在外城中间。城内有商铺、民居和寺庙建筑。城中还出土了陶器、瓷器、铜铁器等物品,从这些物品中也可以看出这座古城曾经的繁华。

宫城在最北边,宫城的北墙为外城的北墙,南墙为内城的北墙。宫城也被称为可汗堡,是高昌国的王宫。宫城呈方形,城内建筑多已不存,留存下来的建筑也大多残缺,难以判断其原有功能。在宫城西边有一座地上、地下双层建筑,如今只剩下地下的部分。

高昌故城遗址以北是墓葬群,有墓葬 500 多座。在这些墓葬中出土了许多文书、丝织品、器具等文物,这些文物对于研究高昌历史具有重要意义。

高昌讲经堂遗存

高昌故城遗址

建水：历经沧桑的历史博物馆

建水位于云南昆明，在滇东高原的南部。

唐朝时，南诏国修建了惠历城。"惠历"在古彝语中是海的意思，在汉语中则译为"建水"，因而这座城也被称作建水城。

建水城初建时为土城，明洪武二十年（1387年）改建为砖城。古城共设有四座城门——东门迎晖门、西门清远门、南门阜安门、北门永贞门，城门上皆建有城楼。明朝末年，南、北、西三座城楼都毁于战后，只有东门上的朝阳楼尚存。朝阳楼是建水古城中为数不多的留存至今的建筑，也是古城的标志性建筑。

建水古城中共保留着古建筑50多座，有"古建筑博物馆"和"民居博物馆"之称。古城中有规模宏大的文庙、古朴庄重的朝阳楼、精美华丽的朱家花园和张家花园等古建筑。这些建筑历史悠久、各具特色，共同汇聚在这座"古建筑博物馆"中。

建水文庙建于元朝，后经多次修缮，至今仍保留着初建时的格局。文庙为宫殿式建筑，中轴线贯穿南北，两侧建筑对称分布。文庙的主要建筑大成殿庄严肃穆，共有5间殿堂。殿堂中的门为雕花隔扇门，每扇门上都有动植物的雕刻，栩栩如生。正堂里设有孔子的塑像。大殿为九脊歇山顶式建筑，巍峨雄武，庄严肃穆。

建水古城中建有两座花园式宅邸——朱家花园和张家花园。这两座花园布局精巧、雕刻精美，阁楼台榭交错分布在郁郁葱葱的草木之中，给人以清幽静谧之感。

建水古城朝阳楼

建水古城文庙

朱家花园建于清光绪年间，占地面积 2 万多平方米，呈纵三横四的建筑格局。房屋布局考究、结构规整，庭院内景观变化丰富、层次渐进，整座宅邸具有极高的艺术价值。

张家花园建于清朝末年，占地面积约 1 万平方米。整座宅邸由两组三进院落和花园祠堂组成，房屋装饰华丽，门窗皆有纹饰雕刻，是清末建水城中规模较大、质量上乘的私人住宅。

双龙桥

双龙桥位于建水古城城西,横跨泸江与塌冲河,因处于两条河的交汇处,所以得名双龙桥。

双龙桥始建于清乾隆年间,光绪年间重建为三阁十七孔桥,桥长约148米。桥上有三座飞檐式阁楼,檐角高翘,气势恢宏。双龙桥造型奇巧,是我国桥梁建造史中的杰作。

建水古城双龙桥

永泰：遗落戈壁的军事要塞

明万历年间，明朝政府为了加强甘肃的防守能力，抵抗北方少数民族的入侵，在甘肃景泰县西南部修建了永泰城。

永泰古城呈不规则的圆形，东、南、西、北四面各建有一个瓮城，瓮城中建有瞭望哨。但由于战乱的摧毁，瓮城城内的建筑多已不存。

古城城墙用夯土筑成，高约12米，城墙四面各有城楼一座，城墙上设有炮台和射击垛口。古城外建有宽约6米的护城河，以及绵延千里的烽燧，烽燧可以一直通往兰州，提升了兰州和永泰古城之间的军事防御能力。

古城内有演武场、佛寺等建筑，城外有草料场、火药场、马场等军事设施。整座城看起来像一只四脚展开的乌龟，因而也被称为龟城。

永泰古城

永泰古城城门

巍山：气定神闲的棋盘孤城

巍山古城位于云南大理，建在哀牢山山麓，是一座极具地方特色的古城，具有深厚的文化底蕴。古城东南面的巍宝山，是唐朝时南诏国的发祥地，也是道教名山，山上有土地庙、文昌宫、玉皇阁等多座道教庙宇。巍宝山上树木葱郁，多苍松翠柏，景色宜人。

元朝时，大理段氏开始修建巍山古城，初建时为土城，明朝时改建为砖城，城墙高约8米。古城的建筑格局呈棋盘状，城内建筑沿南北中轴线分布。古城内共有街道25条，小巷18条，所有街道呈井字形，纵横交错，井然有序。

城内民居具有鲜明的大理建筑特色，大多保持了"三坊一照壁""四合五天井"的建筑格局。

巍山古城至今仍保持着明清时期的建筑风格，是中国保存较为完整的古城之一。

航拍巍山古城

第六章 古城拾遗：寻找失落的文明

巍山古城拱辰楼

东岳庙是巍山古城中保存较为完好的寺庙建筑。东岳庙建于明朝，清朝时曾多次重修，如今的东岳庙为光绪年间重修的。东岳庙由东岳宫、城隍殿等建筑组成，大殿为单檐歇山顶式建筑，为穿心殿，南北可通行。大殿中原有东岳大帝像，今已不存。

拱辰楼和星拱楼也是古城内的标志性建筑。

拱辰楼建于明洪武年间，是重檐歇山顶式建筑。拱辰楼建在北城

巍山古城星拱楼

墙上,是城墙上的城楼。城楼南面的牌匾上写着"魁雄六诏",北面的牌匾写着"万里瞻天"。拱辰楼高约23米,从城墙上可登至楼顶,站在楼顶可俯瞰整座古城。

星拱楼位于古城中央,同样建于明洪武年间,清康熙年间曾重修。星拱楼高约11米,是木构城楼与石砌基座相结合的建筑。基座高约6米,基座中建有门洞,与城中街道相通。城楼为重檐歇山顶式建筑，北面挂着写有"星拱楼"字样的牌匾。整座楼飞檐高翘，灵动自然。

除了拱辰楼和星拱楼这两个阁楼建筑，巍山古城中还有文庙、关帝庙、文华书院等建筑，这些建筑展现了古城悠久的历史和高超的建筑工艺。

独特的民族风情

巍山古城是彝族的聚居地，彝族独特的文化在这片土地上留存了下来，如彝族打歌、彝族扎染和彝族小吃等。这些独具特色的民族文化为这座古城增添了别样的民族风情。

彝族打歌是国家非物质文化遗产之一，彝族人民每逢重要的节日或聚会都会进行打歌活动。人们围成一圈，用彝族特有的调子跳舞，热闹非常。

麻池：吕布故里，昭君出塞地

麻池古城位于内蒙古包头市。秦朝时，麻池是九原郡的郡治，也是秦直道的起点。《史记·秦始皇本纪》中有载："除道，道九原抵云阳，堑山堙谷，直通之。"九原即九原郡，秦始皇为了连接咸阳与九原，特意开辟了秦直道，麻池就成为连接漠北与咸阳的交通枢纽，也是军事防御要地。

西汉时期，改九原郡为五原郡，麻池依然是郡治，汉武帝曾派重兵在此驻守。这里也被认为是昭君出塞的所在地"光禄塞"。麻池古城遗址中曾大量出土西汉时期的瓦当，瓦当上有"单于天降""单于和亲"等字样。

麻池古城为土筑，总面积约 90 万平方米。古城分为南北两座城，两座城相连，呈斜着的菱形。

北城的北墙中段和南城的西墙、南墙的中段各建有一个宽约 15

麻池古城

米的城门。北城相较南城更大，长约690米，宽约2720米；南城长约600米，宽约640米。

由于风沙侵蚀，城内建筑多已不存。但有一些板瓦、筒瓦、瓦当等建筑材料，以及一些罐、盆等器具残片留存下来，这些都是古城的珍贵文物，有重要的史料价值。

交河：世界上最完美的废墟

交河故城建城史始于汉朝，是世界上最大、最古老、保存最为完整的生土建筑群。

交河的发展历史

交河位于新疆吐鲁番市西部的雅尔乃孜沟中，因河水分流绕城，在此交汇，故称交河。整个交河中间宽，两边窄，呈柳叶状。

交河最初为汉朝时期西域小国车师前国的都城，《汉书·西域传》中有载："车师前国，王治交河城，河水分流绕城下，故号交河城。"唐朝时，交河发展繁荣，经贸往来频繁，是吐鲁番一带的经济、文化中心。

交河故城遗址

古城的建筑特色

　　交河故城依山势而建，并不建城墙，东、西、南三面为悬崖峭壁，以峭壁为城墙。城门是在峭壁上开凿的，有东门和南门两座城门，东门主要用于居民通行和取水，南门主要用于运送粮草和军队通行。

　　古城内一条主街贯穿南北，将城内建筑分为两部分。西部寺院林

立，有规模宏大的佛塔建筑群；东部为居住区，多为民房建筑和手工作坊。城内街道纵横相连，将民居分为多个小区域。

  由于处在西域通往中原的咽喉要地，交河具有重要的军事防御价值。因而这里常年战火不断，城池损毁严重，遗存下来的只剩夯土墙面。

交河故城遗址（局部）

参考文献

[1] 曹昌智. 幸存的古城 [M]. 太原：山西经济出版社，2018.

[2] 陈华光. 商丘古城变迁其文化内涵 [J]. 中州今古，2002（2）：26-28.

[3] 程林盛. 平遥古城的民族文化内涵 [J]. 晋中学院学报，2009（6）：19-22.

[4] 程遂营. 丝绸之路上的古城 [M]. 开封：河南大学出版社，2019.

[5] 董恒年. 美丽新疆 [M]. 北京：蓝天出版社，2014.

[6] 董晓雅. 洛邑古城：复兴和继承千年古都洛阳传统文化 [J]. 中国经贸，2020（3）：120-121.

[7] 段杨波. 浅析宜宾古城之兴起 [J]. 宜宾学院学报，2007（4）：73-76.

[8] 郭卉菁，傅泽华，夏晓霞. 中国历史文化十万个为什么 [M].

长春：吉林文史出版社，2015.

[9] 郭培伦，尚荣生，王兴，等. 千年古都邯郸 [M]. 石家庄：河北美术出版社，2010.

[10] 郝春燕. 从文化传承视角看青州古城的现状与未来 [J]. 炎黄地理，2021（6）：85-88.

[11] 郝树声. 西部地区概况 [M]. 兰州：甘肃人民出版社，2001.

[12] 和兴文化. 中国之最博览大观 [M]. 西安：太白文艺出版社，2010.

[13] 贺云翱，苏宇红. 南京与海上丝绸之路 [J]. 长江文化论丛，2017（00）：79-82.

[14] 胡官平. 大西北博览 [M]. 西安：陕西人民出版社，1993.

[15] 黄光宇，叶林. 南阳古城的山水环境特色及营建思想 [J]. 规划师，2005（8）：88-90.

[16] 黄国钦. 在潮州的古城烟雨里 [J]. 城市地理，2021（9）：120-122.

[17] 黄小杭. 归去来兮：古城杭州 [J]. 观察与思考，1999（3）：2-4.

[18] 姜正成. 走遍华夏：一本书读懂中国古城 [M]. 北京：中国财富出版社，2016.

[19] 李敬东，黄义军. 正在消失的中国古文明：古城 [M]. 北京：国家行政学院出版社，2012.

[20] 李性刚. 古道悠悠：中国西部古道游 [M]. 北京：中国水利水电出版社，2008.

[21] 良卷文化. 中国精品古镇深度游：图解版 [M]. 北京：电子工业出版社，2016.

[22] 刘湘玉，刘太祥. 南阳文化概论 [M]. 开封：河南大学出版社，2009.

[23] 刘秀森. 商丘古城 [M]. 郑州：大象出版社，2018.

[24] 刘宇生，张滨. 新疆概览 [M]. 乌鲁木齐：新疆人民出版社，1995.

[25] 卢庆洪. 高昌的历史变迁与高昌故城遗址 [J]. 新疆地方志，2021（3）：58-61.

[26] 马利清. 考古学概论 [M]. 北京：中国人民大学出版社，2015.

[27] 马玲. 北京胡同 [M]. 北京：世界知识出版社，2011.

[28] 毛曦. 论中国城市早期发展的阶段与特点 [J]. 天津师范大学学报（社会科学版），2006（3）：29.

[29] 苗润莲，冯广平，胥彦玲. 试论北京沿河城文化遗产资源 [J]. 科学通报，2013，58（S1）：220-223.

[30]《亲历者》编辑部. 中国古城图鉴 [M]. 北京：中国铁道出版社，2015.

[31] 十三不顾. 走着去拉萨：97天2650公里徒步纪实 [M]. 北京：中国长安出版社，2016.

[32]《时刻关注》编委会. 人类古文明之谜 [M]. 北京：中国铁道出版社，2013.

[33] 水明丽. 广府古城建筑文化遗产保护策略研究 [D]. 邯郸：

河北工程大学，2016.

[34] 宋俊岭，特佩尔. 城镇学读本 [M]. 北京：中国建筑工业出版社，2019.

[35] 王庆华，王磊. 青州古城探源 [J]. 春秋，2015（6）：57-59.

[36] 王勇. 京味文化 [M]. 北京：时事出版社，2008.

[37] 王越. 美丽福建 [M]. 北京：蓝天出版社，2014.

[38] 王长松. 北京沿河城军事历史地理研究 [J]. 中国地方志，2009（10）：59-63.

[39] 王志勇. 激活旧城遗迹构建城市本土化形态：以古城邢台为例 [J]. 邢台学院学报，2015（3）：14-17.

[40] 魏郁珉. 中国最美的 100 个古城 [M]. 北京：北京工业大学出版社，2015.

[41] 吴良镛. 中国式空间让城市有了灵魂 [J]. 中国名城，2013（1）：15-16.

[42] 吴涛，安全山. 京西古道 [M]. 北京：中国长安出版社，2015.

[43] 萧绰. 西域简史 [M]. 海口：南海出版公司，2017.

[44] 谢空，赵宏宇，颜建雄，等. 广府古城风貌保护与利用研究 [J]. 建筑与文化，2021（4）：105-106.

[45] 邢淑清，戴卫东. 中国旅游地理 [M]. 北京：电子工业出版社，2008.

[46] 徐艳文. 阆中古城的建筑风采 [J]. 建筑，2021（7）：

65-66.

[47] 杨春森. 闽域建筑文化遗产的展示[J]. 武夷学院学报，2020（4）：7-11.

[48] 姚雪峰，郭艳萍，周立红，等. 中国旅游地理[M]. 北京：中国旅游出版社，2016.

[49] 姚亦锋. 南京古都地理空间与景观过程[M]. 北京：科学出版社，2019.

[50] 张涵. 明清商丘古城营建史研究[M]. 北京：中国建筑工业出版社，2018.

[51] 张妙弟. 美丽贵州[M]. 北京：蓝天出版社，2015.

[52] 张文. 中国城市的起源[J]. 地图，2004（2）：5.

[53] 周沙尘. 中国旅游分类词典[M]. 重庆：重庆出版社，1997.

[54] 朱世广，张亚萍，王立新. 彭阳古城调查报告[J]. 宁夏大学学报（人文社会科学版），2002（4）：92-94.